读史做女人 III

君子心 著

浙江大学出版社
ZHEJIANG UNIVERSITY PRESS

目录

鱼玄机:楚门的世界

宋若昭姐妹：灰姑娘、灰姑娘

大小周后：认识你自己

序言：寻找历史呼吸的地方

我们习惯了眼前的历史，习惯了教科书上的面容，习惯了相似的话语与解读，她们或是英明的君主、或是贤德的榜样、或是政治的替代品，或者，红颜祸水……沉积之下，那样典范而陌生。

而忽如一梦，在历史的碎片里，穿越时光的隧道，那一张张陌生而经典的面孔突然呼吸，我听见了灵魂的声音——在历史的缝隙里，灵魂，在突围。

这个系列，正是为此诞生。

想寻求的，是她们在那个环境里的生存智慧；想解读的，是她们重压之下的心路历程；在人生之上，看她们如何经过挣扎、苦痛和折磨，走向自我的超越，或毁灭。

我不是在写历史，我是在写人生。

克罗齐说："一切历史都是当代史。"

时代在变幻，而人性永恒。在那些鲜活生猛的灵魂轨迹里，如果能让今天的您有所借鉴，我很欣慰——安妮宝贝说，如果我们以相同的姿势阅读，我们就能互相安慰。

互相安慰吧。

　　鱼玄机(约 844—868),唐末女诗人,生于长安娼门,开始名为鱼幼微,自小容貌秀丽、灵慧多才。初长成时,被诗人温庭筠介绍给贵族进士李亿为妾。李亿本已娶妻,瞒着家族收了这位出身卑贱的才女,在度过一段美好幸福的爱情生活之后却将其遗弃。孤苦无依之际,鱼幼微出家做了一名女道士,改名鱼玄机。社会风气的影响以及自身经历的打击,让她心态渐改,过起了与众多男人交往的生活,声名由此败坏。不久,因争风吃醋打死婢女绿翘而入狱,因不肯自辩而被判死罪。最终,在一个萧瑟凄凉的秋天里结束了曲折坎坷的一生,死时才二十四岁。其诗作见于《全唐诗》,现存有五十首之多。

鱼玄机：楚门的世界

对话"剩女"

一个朋友这样对我说,当她拐过二十五岁,老爸为了把自己的闺女嫁出去恨不得上街抢人,被逼的实在不耐烦:"老爸,你要什么样的,你说,我嫁,行不?"

那边沉默半天:"男的。"

这位朋友,外企白领,品貌双修,聪明能干,只是提起"嫁不掉"三个字,脸上浮现出令人心动同时也心碎的"焦虑"。

我好奇:"嫁不掉怎么了?"

"非常可怕!那是作为女人一生的失败风向标……"朋友掰开手指头一一道来:

你没魅力,你不吸引男人,你即使有魅力吸引男人,也没魅力让他借出一生娶你,因此结论 A——你是个男人眼里失败的女人。

结论 B 更可怕。

你身边都是进入围城、儿女成双的同学,可你落伍了、落后了,仿佛考试不及格的掉队者——想当年,你是如何耀武扬威优秀绝伦地甩掉他们考上了名牌大学走向大城市;看如今,人家如何耀武扬威优秀绝伦地把你甩出生命的历程……因此——你是个女人眼里失败的女人。

结论 C 最恐怖。

过年过节那真是一场劫难，可以一起共享亲戚朋友们同情而可怜的目光与感叹，证明着"你嫁不出"真是全家人教育失败的恶果。在长辈眼里，你真是个失败的孩子……

咳咳，现在轮到结论 D 了——记得小时候看过一个故事，常让我记忆犹新，说是在火车站的厕所里，有两个人因为水龙头不出水而互相斗气，结果等他们出来时，属于他们的火车已经开走了，他们被永远甩在了那个车站。

而你，不论从前多辉煌，现在多绚烂……可是现在，就是"嫁不掉"——被生命的火车错过了。

这才最致命。

"你要知道，"朋友近似呜咽，"当那种焦虑感不是来自外在，而是发自内心的时候；当你发现你错过了生命的火车，而此后将永久错过下去的时候；当你发现同龄人已经顺利进入下一阶段的生命循环，而你还在那个车站下立正的时候，这种焦虑，便渐渐变得致命……"。

说着，她清泪一行，徐徐而下："有段时间，每当从焦虑的噩梦中醒来，我抬头看着天花板，觉得人生的失败莫过于此——那个时候，真有点想像老爸催的那样：是个男的，就嫁了吧。"

"其实，"她双手一摊，"人生的真谛在于凑合。"

对话"超女"

"可是,为什么要跟别人一样去生活?"我挠头。

她怒:"你当在中国,异类是好东西吗?它可是意味着你不正常,你变态,你跟别人不一样!虽然现在的年轻人整天叫喊着自我,但是等他们进入中国这个社会圈套里,就会明白从众是多么安全多么温暖的避风港——做异类,天很冷!"

"可是,"我再次强调,"你自己呢?你自己觉得冷吗?生命毕竟只属于你自己,该怎么过,为什么要由别人说了算?"

"是,生命是属于我自己,我们这一代受过民主教育,知道什么是人道主义,什么是自由平等,可是我们真的这么想吗?"朋友突然情绪激动起来。

我叹了口气,朋友的话其实无法反驳。致命的"可是"就是:如果"你不像长辈们说的那样去生活,不像别人想的那样去生活",你就是"自私",因此很多荒诞性的悲剧产生了——结婚,是为了父母,是为了别人;而可怕就在于,不是父母和别人要跟这个人过一辈子,是你自己。

"你要相信,妹子,父母终究希望你幸福快乐,这是终极一切的目的。"我继续努力煽动朋友"觉悟"。

"但是……"朋友有些迟疑,"如果爸妈逼婚怎么办?"

我嘿嘿坏笑："我给你一个方子，专治'长辈型未婚焦虑症'，屡试不爽，百试皆验。"

"什么招？"朋友眼睛突然亮了起来，烁烁闪光。

"对他们说：好的，不就是结婚嘛。目前有三个选择：一、我不结婚，你们可以免费看剩女；二、我结婚，不幸福，一年以后离婚，说不定还抱着个孩子，你们可以免费看离婚女人；三、我结婚，不幸福，痛苦一生，你们可以看我一辈子愁苦忧伤的脸。你们选吧！说完双手无奈一摊，脸上呈人生无奈、造化弄人、悲怆欲绝状……保管他们再也不催！"

朋友哈哈大笑。

我肃然敛容："你别笑，这个问题其实很严肃。中国社会正在转型，父母是集体文化下的产物，而我们已经进化到了个体文化，你们之间的代沟是必然的，因此你可以说服他们：虽然你是他们的孩子，但是你有权选择通过适合自己而不是别人认同的方式，让自己生活得快乐幸福。慢慢地，他们就会接受，默认，并且赞同。"

朋友若有所悟，喃喃自语："生命只有一次，为什么要按照别人的方式度过？……我明白了，原来自己不是在'错过'而是在'超越'，比那些'像别人一样生活'的人种进化了那么一点点而已。自己可不是什么'剩女'，简直就是'超女'啊！"她向来聪明伶俐，释然之后开始玩笑。

我却又不得不苦笑："觉醒是觉醒，但所有的觉醒都是要付出代价的——走在时代的前面，绝对不好玩……"。

唐代淑女

晚唐,咸通年间,鄂州,汉江船头,美丽女子。

"姑娘,你这是去哪儿?"船家望着这位姑娘,打扮不俗,端丽清秀,应该是富人家的小姐。这些日子常见她在江边徘徊,恁地一个人跑了出来?

姑娘"嗯"了一声,望向远处,若有所思,慢慢地,脸上竟现出了悲苦的神色,突然长叹一声,转身回了船舱。

她在等一个人。

一个男人。

一个她以为值得等的男人。

那个男人告诉她:"你且去江陵躲一躲,我想办法,俟后就去跟你会面。"

她就知道不好了。女人的直觉总比男人准,她知道。

她本出身低微,在娼家长大自然需要些本钱,长得又美、聪慧过人,幸而破瓜之前认识了那个诗人,进而又认识了这个男人。那个时候,这个男人刚刚中了进士,翩翩少年,白衣骏马,正是春风得意——诗人告诉她:"这是个好归宿。"

她曾经以为是,或者说,至今仍然认为是。

8

毕竟，这个男人对她很好，为她在长安买了房子，带着她去河东赴任做幕僚，人前人后都介绍说："这是内子，鱼幼微。"

"这是内子，鱼幼微……"她做梦都要笑出来。于是欢欢喜喜给那个节度使进诗，希望他能照顾自己的男人。

八座镇雄军，歌谣满路新。汾川三月雨，晋水百花春。图圉长空锁，干戈久覆尘。儒僧观子夜，羁客醉红茵。笔砚行随手，诗书坐绕身。小材多顾盼，得作食鱼人。

《寄刘尚书》

节度使夸她有才，男人回家惊喜地抱着她："你真是我的贤内助。"

"贤内助"？"贤内助"！嫁得如意郎君，安做贤德妇人，这是她的梦，而一度，她以为梦已成真。

那天，阳光灿烂，俩人嬉戏。

坚圆净滑一星流，月杖争敲未拟休。无滞碍时从拨弄，有遮栏处任钩留。不辞宛转长随手，却恐相将不到头。毕竟入门应始了，愿君争取最前筹。

《打球作》

她盈盈然坐在那里等，坐在那里看，仿若，她就是他的妻。只是在某些夜深人静处，她会突然噩梦醒来，紧紧攥住他的手，"却恐相将不到头"。

她害怕。

因为只有他了，出身低微，一无所有，所凭借的，才貌而已。只有他了……

但是，梦总会醒来。有一天，他告诉她："我要回江东……"
说着，便失语了去。

她点头，这一天，终究会来。

他本来就是有妻子的。

而自己，其实只是一名"外宅妇"。

"外宅妇"尔

《红楼梦》里尤二姐不是没听说过凤姐的厉害，连小厮兴儿
都这样警告了："我告诉奶奶，一辈子别见他才好。嘴甜心苦、
两面三刀，上头一脸笑，脚下使绊子，明是一盆火，暗是一把刀，
都占全了！只怕三姨的这张嘴还说他不过。奶奶这样斯文良善
人，哪里是他的对手！"可还是要找了去。为什么？

因为她是一名"外宅妇"。

在封建社会，女人的等级是这样划分的：妻、妾、外宅妇。前
两者都是有名分的，而后者是见不得人的、"非法（宗法）"的、没
有任何名分的，是正宗的"古代小三"。

因此，我们看善良柔弱的二姐，居然能无惧凤姐的厉害，欢
天喜地地进了贾府，就是因为这个名分。只要凤姐接纳了，被贾
府认可了，她就能从"小三"升级到"妾"了。因此就是火坑，她也
要跳。

当然，事实也证明，果然是火坑。她终于被凤姐设计害死，而凤姐"借刀杀人"的工具秋桐之所以能明目张胆地欺负二姐，张口就是"先奸后娶没汉子要的娼妇，也来要我的强"，皆是因为二姐来路不明，是外宅妇转副，她自己却是大老爷明路赏赐的妾。

男人的妻妾世界里，最惨不过外宅妇，因为她们缺乏最基础的保护——"名分"。唐朝有一个高官叫张褐，曾经在外边包养了一个营妓，育有一子，由于担心妻子的反对，只得将孩子托付给友人。唐朝也多次立法禁止包养外宅妇。连她们生养的孩子，除非"丈夫"家族承认，否则也无法认祖归宗。

因此，外宅妇跟现代的三儿们具有同叹的处境：生活在没有阳光的黑暗里，没有名分的、不被法律认可的、除了男人的爱之外一无所有——只是外宅妇们更为不幸。现在的三儿们还能打起"真爱"的旗帜，高喊个人解放、人性自由，而在那个时代，宗法礼教体制下的爱情，不过是提供给男人们嬉戏的肥皂泡。

可惜，幼微一辈子也没明白，她还是希望能进入那个家门，能让那个家族承认她这个外宅妇，能跟这个男人安稳厮守一辈子。但是，那个女人不同意。

"夫人妒，不能容。"没有女人能容得下这个。明路买的，也就忍了，不告而娶，其实是侮辱。于是，幼微连踏进这个男人家门的机会都失去了。

只是，她并不甘心，随后追随到了鄂州。

山路奇支斜石磴危，不愁行苦苦相思。……虽恨独行冬尽日，终期相见月圆时。别君何物堪持赠，泪落晴光一首诗。

《春情寄子安》

但是男人只让她隔江而居。

江南江北愁望，相思相忆空吟。鸳鸯暖卧沙浦，鸂鶒闲飞橘林。烟里歌声隐隐，渡头月色沈沈。含情咫尺千里，况听家家远砧。

《隔汉江寄子安》

许是刚刚离别的缘故，即使正妻不许，男人依然忍不住过来偷偷相会。

大江横抱武昌斜，鹦鹉洲前户万家。画舸春眠朝未足，梦为蝴蝶也寻花。烟花已入鸬鹚港，画舸犹沿鹦鹉洲。醉卧醒吟都不觉，今朝惊在汉江头。

《江行》

恩情还在，鸳鸯重续，喝酒吟诗，仿佛欢爱于从前。

只是，大部分时间确实是寂寞而孤独的，不断流浪、不断徘徊，到处游览，弹弹琴，看看书，抱着渺茫的希望，坚持着一份自以为是的赌注。

她是鱼幼微，聪慧灵敏如她，恩爱之初就能预感到"不到时"。作为一名外宅妇，自己的地位和命运，她是清楚的，只不过她还想赌一把，因为她很漂亮，这个男人也真心喜爱她的美貌。更重要的是，他是进士，她有文采；他能天下文章，她也能吟诗作对；她希望，有另外一种东西，可以永远羁绊于他们之间——那种叫做"真爱"的东西。

正妻最远

很可惜，那个时代，爱情正空场。

男权中心可不是白叫的，宗法制度给男人配得妥妥当当，让他服服帖帖地享受——男人是圆心，各种各样的女人在围绕他做圆周运动，而每个圆周各安其位，不得一丝错乱：

正妻。

正妻是宗法制度的需要，必须门户相当，且父母之命媒妁之言，一句话，一定要经过三书六礼明媒正娶这种正式的礼仪。娶来的老婆往往是你家族需要的，不是你自己喜欢的。这个楷模大家可以观照一下《红楼梦》里的宝姐姐，她几乎可以说是封建社会宗族婚姻体制的典范模型，具备了"贤妻"的所有条件：出身高贵、贤良淑德、打理内务，唯有一点，跟那位"宝兄弟"不近不远，不离不弃，永远只差"0.03"公分……

有人说，这是因为她还没跟宝玉结婚啊，按照封建礼教自然不能走得太近，但是其实还有更重要的——妻子是不应该离丈夫太近的。按照礼教要求，妻子其实只具备这样三个条件即可：贵、德、子（如果这个条件不满足就娶妾来延续子嗣）。

而一个贤德的妻子，是不应占有丈夫的精神世界、甚至肉体世界的。在宗法制度的空格里，那几个位置由其他角色填充，不用她操心，她唯一能占据的，是这个男人的社会角色里的空格：

身份地位以及与之相匹配的品格——但是大家想，与这个男人的自我天性（对美貌的本能追求、精神沟通的需要）比起来，社会角色显然是最远的那个位置，而他明媒正娶的那个女人，却只能留在他最远的那个空格里，因此矛盾产生了，很多人不甘心，很多人开始反抗，很多人变成了妒妇。

在《红楼梦》里，凤姐最受人非议的地方，倒不是她对待下人的歹毒，而是没有守"妇道"：太自信，没生儿子，却不甘心只是安装在"妻子"那个空格里，要占有丈夫的所有空间，而遇到贾琏这种货色，只好悲剧收场。

宝姐姐正好相反，她如果遇到的不是贾宝玉，而是其他大多数男人，恐怕早已十拿九稳。她符合封建社会男人对妻子的所有"期待"，是所谓"梦寐以求"的正配，但是很可惜，对方是异类分子宝玉，人家渴望的是现代式的知音爱情和知音婚姻，而不是封建社会的名门闺秀，她那种"不离不弃但又不远不近"的手段反而起了反效果。宝玉不爱她（她觉得无所谓，应该的），并且，居然以出家的方式反抗，这就大大出乎她的意料了。她以为世界上只有地球人种，没想到还有执著于人性并且还能抛弃一切的火星人存在。她真没想到。这不是她的错，是命不好——撞见了火星人。

在那个圆周上，妻子，是离男人灵魂最远的那个。

妾室中间

那么，男人对于"色"的空格放在谁身上呢？

妾室。

所谓"娶妻娶德，娶妾娶色"。妾室是要求容貌的（有一个正大光明的理由叫延续子嗣）。

我们再细看《红楼梦》（揭示封建社会的家庭内幕范本），其实贾母给宝玉挑的妾室可不是袭人。她听说晴雯死了，说了这么一番话："晴雯那丫头我看他甚好，怎么就这样起来。我的意思这些丫头的模样爽利言谈针线多不及他，将来只他还可以给宝玉使唤得。谁知变了。"

接着王夫人透露出了自己的主意："老太太挑中的人原不错。只怕他命里没造化，所以得了这个病。俗语又说，'女大十八变'。况且有本事的人，未免就有些调歪。老太太还有什么不曾经验过的。三年前我也就留心这件事。先只取中了他，我便留心。冷眼看去，他色色虽比人强，只是不大沉重。若说沉重知大礼，莫若袭人第一。虽说贤妻美妾，然也要性情和顺举止沉重的更好些。就是袭人模样虽比晴雯略次一等，然放在房里，也算得一二等的了……"。

从这段对话里，我们很清楚看到封建家族娶妾的标准，那就是"模样爽利言谈针线"，人家贾母正经看"色"，而王夫人则重

"德",但是自己不敢明说,硬是把袭人往"色"上牵引,说是模样"放在房里,也算得一二等……"。

妻子跟妾室的地位是主仆关系,而不是什么"姐妹",潘金莲再得宠,也得给月娘请安。《唐律疏议》明确规定:"妾乃贱流"、"妾通买卖",妾是买来的。

如果"以妾及客女为妻,徒一年半"。如果老婆死了,你要把你心爱的小妾升为妻的话,就是触犯了刑律,一旦事发,是要两口子一齐服刑一年半的,而且完了继续离异。并且对于妾,丈夫是可随意处置的,或打骂,或遣逐,甚至把妾杀了——《唐律》、《宋律》也只是处以流刑;《清律》处罚更轻,只是"杖一百,徒三年"了事。

| 16

但是妾室并非一点人权都没有,宗法制度人家安排得那真叫滴水不漏,她虽然地位低下,可以任由主子打骂,但是她占有了丈夫另外一个部分:肉体。为什么娶妾重色?地球人都知道男人好色,长得如果跟无盐似的是很难引起男人性冲动的,没有性冲动就没有生育,没有子嗣,他们那些光明正大的理由就不存在了。

因此,做人家妾室,你首先得漂亮。

但是还有一点,重要得甚至超于前面——明路来的。

是贾母跟王夫人在商量谁给宝玉做小老婆,而不是宝玉自己决定的;秋桐因为是大老爷赏赐的,就敢明目张胆地欺负来路不明的尤二姐;大老爷看中了鸳鸯,还要自己正配老婆邢夫人去做媒……妾室必须是家长点头过的、正妻知道了的、明明白白买回家的,而不是男人自己一个人决定得了的。

这是圆周第二层。

青楼最近

其实想想男人也挺可怜，虽然给他安排了那么多女人，但是由他自己选择的不多，唯一给他留出的空隙，却是娼妓。

在青楼里，没人管得着你爱谁喜欢谁，只要有银子，你可以嫖到最漂亮说不定也是最合适的姑娘，而且由于封建士子们的诸多要求，高级歌妓大多琴棋书画无一不精——两个才才相对的青年男女，在一个没有多少舒服的空间里，自然可以任意发情贪欢，于是，类似现代性的一种感情诞生了：爱情。

宗法婚姻制度的荒诞处就在于，这一层面的女人虽然是地位最卑贱的，最被人瞧不起的，却是离男人灵魂最近的。古代做官的男人们大多进士出身，说不上知识分子也多少是才子，总是有那么一点灵魂的。他们渴望精神沟通，但是宗法给他们安排的正经老婆虽出身高贵，但是相貌不咋样而且不一定识字；好不容易娶个美丽的小妾，还得经过重重关卡，何况即使娶回来也未必能沟通——她们更不识字。

因此唯一能自由选择和任意沟通的，是歌妓。

但是矛盾就在于，她们太卑贱、不能专属于自己，满足不了自己另外的一种追求：独占性和忠贞美感。她们跟你是商品买卖关系，你出钱，她们就满足你，你没钱，她们就不搭理了——这种取媚的姿势决定了你们本身不平等，所以不管你们之间多能沟通,很多时候,你总是要掂量掂量她那款款深情、妩媚多姿是不是装的?故意的?勉强的?攀附的?

杜十娘跳河,秦淮八艳死的死、伤的伤……历史上大多有胆有情的名妓从良后有好结果的不多,道理就在这里——没啥,男人阴暗的猜疑心理和骨子里那份对你的看不起。他爱你,但看不起你。

但不管如何,娼妓总是离男人最近的那个。都说"妻不如妾、妾不如偷",都说男人天生犯贱,但是也没办法,在这个荒谬的圆周运动里,最正式的是离他最远的,最不正式的倒是离他最近。人性都向往自由,不是吗?

现代调查

那么现代呢?

且看下面几篇转载的择偶调查:

(1)《男性择偶标准之怪现状》

一位在中国生活多年的外籍人士,经过多年观察,总结出大部分中国男人择偶之怪现状。

他们对美女的追求简直可以用"孜孜以求"来形容。历史上,过得了美人关的英雄寥寥无几;到了现代社会,还是有为数不少的人继承着老祖宗的"遗志"。

他们重视自己另一半的相貌，与中国人爱面子有直接关系。当他们不无骄傲地把追到的漂亮女人带到众人面前时，他们的虚荣心会得到空前满足，实际上这也是他们生存竞争能力的一种展示，正如他们向别人炫耀他们的奔驰车或花园洋房一样。

中国男人在谈到自己的择偶标准时，首要条件就是一定要漂亮。外国男人当然也不愿意娶个面貌丑陋的人回家，但相比之下，他们更看重心灵的撞击和思想的沟通。因此，在外国男人刊登的征婚启事中，他们往往会详细介绍自己的爱好兴趣，包括喜欢看什么书、平时都欣赏什么电视节目以及爱从事什么运动等。再打开报纸看看中国男人的征婚启事，上面罗列的都是他们的"成就"，其中最重要的无外乎其经济状况、学位以及有几居室的房子等。

中国男人也不是不需要思想沟通，但他们更愿意和同性朋友交流，而女人往往只有听他们胡侃的份儿。中国男人十分享受女人的崇拜，尤其不能容忍女人比自己强。（引自《生活报》）

(2)《男人择偶标准日趋现实　女子"有财"便是德》

对女友的收入更加在意的男性比重显著上升，择偶时对女方职业有特殊偏好的男性增长到10％左右；与此相反，对女方学历要求的苛刻程度明显下降，女硕士成为较有优势的单身女性人群……2007年10月，MSN佳缘交友频道和世纪佳缘婚恋网联合对500万单身白领进行了调查。发布的《中国白领婚恋调查第二次报告》显示，单身女性的恋爱婚姻正面临着一场革命性的变化，一些我们习以为常的择偶准则正在被改写。

报告数据显示,只注重相貌的择偶观正在逐渐被抛弃,和我们熟知的女性择偶看重对方经济实力形成有趣对比的是,男性普遍开始拿经济能力衡量女性。尽管相貌身材仍然是众多男性择偶的重要标准,但是 32.9％的男性表示打算将女方的经济条件列入考虑范围,另有 9.7％的男性改变了相貌身材论,认为综合考虑女方条件更重要。

女性仅凭美貌就想赚得财男归的时代开始逐渐淡出,男性心中传统的贤妻良母型理想配偶已经升级成集美丽容貌与理财智慧于一身的新时代女性,"财貌双全"成为当今众多单身女性需要积攒的资本。

婚恋心理专家张教授表示:持此观点的男性又以大中城市居多,而城市房价上涨、生活压力增大等是迫使男性重新考虑配偶经济条件的主要原因。

现代社会竞争激烈,七成以上的单身女性有着较为强烈的职业意识,承认看重自己在工作中实现的价值。而当今男性在择偶时则对女方的职业表现出更多的偏好,83.2％的男性希望自己的另一半从事工作稳定、收入较高的工作。

在具体职业偏向的调查中,女教师占据了男性心目中理想伴侣的首位,42.8％的男性认为教师是女性比较理想的职业,稳定的工作和不太沉重的压力使她们能将精力很好地投入给家庭,而每年的寒暑假期也利于对子女的教育。

随着研究生比例在整个单身人群中的升高,更多的男性在择偶时也放宽了对女性学历的限制,过去对女博士的谈之色变已经大为改观,37.9％的硕士及以上学历男性表示完全可以接

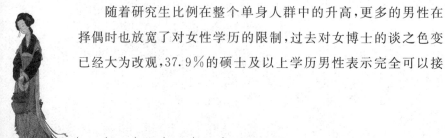

受博士女友。另一项数据则显示,拥有本科和硕士学历的单身女性正成为最受欢迎的群体。

对于"才"的认识,中国社会的单身男女们终于接近一个交汇点,而对另一半内涵的重视,也证明了现代男女在择偶时仍然保有的理性。(引自人民网)

(3)《择偶标准首选人品　现代青年拒绝"拜金"》

随着电视剧《新结婚时代》的热播,剧中女主角顾小西宣称"有车有房,父母双亡"的择偶标准再次引起了社会的广泛关注。找老公就要找"四有男人"——有钱、有房、有车、有型,"有车有房"真的成了现代青年的结婚"起步价"? 在第三方机构近日发布的一项名为"快乐爱情指数"的调查报告中,中国网民给出了否定的答案——人品、气质依然参与调查者择偶的首选标准。

据悉,该项调查由 51.com、零点调查、新周刊和天下网联合在 51.com 用户中进行,在 2007 年 12 月两天的时间内,共收集有效问卷 107936 份,其中男性用户 58808 人,女性用户 49128 人,调查规模之大,公众参与程度之深,为近年来所罕见。调查分别从爱情满意度、爱情状况、爱情态度三个方面进行了深入研究,以全面反映现代青年的爱情现状。

其中,就爱情态度之追求恋爱对象的首选因素(单选)这一选项,有超过 39.42％的用户首先看重恋爱对象的人品,其次是气质、长相,分别占首选因素的 15.57％和 13.74％;而职业的得票率仅为 1.98％。与当前网络和媒体热炒的"雅阁女"、"90 后拜金女"、"找老婆先看岳父级别"等"拜金主义"思想形成鲜明对比。

在调查中，多数受调查者表达出了"金钱虽然是生存和发展的必备因素，但并不是生活的全部"的观点。在与此次调查相对应的 BBS 中，"金钱滋润的爱情能保鲜几天?""财富能买到爱情的真谛?"也成为最热的话题。一位名为"aver"的女网友发出的"只要相爱的两个人肯同心协力、共同奋斗，日子过得绝对不会比谁差"的观点更是得到了众多网友的赞同。

对此，零点调查认为，这真实地反映了当代青年的择偶态度和倾向性。拜"人品"者，追求的是一种安稳，能让他们在都市激烈的竞争中感受到家的温馨;拜"长相或气质"者，体现的是一种前卫的爱情观，追求的更多的是一种"感觉"，"不在乎天长地久，只在乎曾经拥有";拜"金钱、职业"者，是彻底的现实主义者，面对生存与发展的问题，这种选择也可以说是无可厚非。(引自禾美商业新闻专线)

男人犯贱

古代:妻子——权势、人品;妾妓——外貌、才华。

现代:第一位是外貌气质。

从调查报告(1)里，我们可以很清楚地看到男人更爱色。现代与古代相比，倒是真的进步了，社会角色暂且靠后，开始注重人本身的东西了，只是，很可惜，当男人们摆脱了宗法制度的荒谬安排后，选择的并不是人性(精神沟通)，而是本能(色)。

很多男人也并不把老婆当做"伴侣"，而是当做满足性欲、虚荣心的工具而已，说白了，这是跟他的房子、车一样的"东西"，长得漂亮就证明这个东西值钱。至于心灵沟通——男人会这样想：女人这东西，哄哄也就得了，能真正沟通吗？

这是一个令人悲哀的答案：很多男人现在还只把女人当做"物"，而非"人"。而我现在所说的"很多男人"，其实就是那些事业还有所成，不需要女人的力量支持的成功男人。他们需要的老婆就是古代的妾，只要承担如下功能：性、欣赏悦目、炫耀、生育就 OK。

第二位是人品或者才干。选择这个条件的男人一定是那些事业还不够成功的男人，他需要女人的支持和理解，所以他选择安全感——"人品"，或者，选择才干，可以在事业上帮助她。这类男人依然是把女人当做工具来用的，虽然比第一个当做"玩物"（人家玩得起）看起来要"崇高"一些，但是说白了，还是工具。此工具承担以下任务：生育、事业帮助、安全感。

可不要被调查报告(2)给蒙蔽了，以为现在的男士看重什么高学历，是欣赏女人有才华。当下有才可不是古代的"有才"，所谓有才就是高学历，高学历就意味着高收入，高收入就意味着另外一种"才"——"财"。说到底，还是财——能帮助他事业成长的工具。这类男人需要的老婆，就是古代的妻。

而结论就是：古代社会，宗法制度根据男人需要安排配偶位置，男人的本性跟社会性是拧在一起的，最爱的往往是地位最卑贱的。现代社会给了男人自由，可惜，他们依然掉进了功利主义的陷阱：事业有成的男人从本能出发，选择古代的妾或者歌妓

（如明星）；事业未成的男人从生存出发，选择古代的妻，其实本质都是一样的——工具。

所谓"男人有钱就变坏"，其实不是什么人性变幻，从古至今，无论是宗法制度的安排，还是现代社会的自由宽容，女人、婚姻，对于男人来说，永远是需要，永远是附属于男人的工具，永远是功利主义式的抉择——没钱的时候需要一种女人，有钱的时候需要另外一种女人，只要功利主义立场不变，这个规律就会永恒。

从古至今，尽皆如此。

"超女"幻想

"女人，你到底需要什么？"

灵魂、沟通、理解。

我始终并坚定相信，这个世界上，每个人都是有灵魂的，两性之间最正宗的爱情羁绊，是真正平等的灵魂伴侣："这辈子，我愿意跟你一起同行，风雨不计、甘苦同担。"——其他两性情，皆山寨版仿制。

一个人的一生，是一个境界不断进化的过程，也是一个不断审视生命生活的过程。

把配偶当成工具，把婚姻关系看成产品交换，是因为很多人还处在"生活层次"。对大多数娶古代式妻的男人来说，协助生存才是他们目前的第一要素；而对那些娶古代式妾的成功男人来

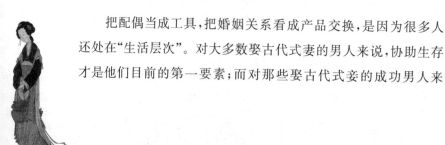

说，即使解决生存问题，他们依然处于有钱买玩物炫耀的低等层次。

只有少数人，或者说，只有很幸运的人，才能脱离生活状态，脱离日常的庸俗与物质的桎梏，脱离马斯洛那些低等层次的满足，而走向自我实现层面，转向生命自我审视式的觉醒，认识到生命本性的自由、可贵以及不可重复——萨特说，向死而生。

当你敞开这扇窗户，打开这道门，很多事情，就发生了质变。当有人问起你想找什么样的，你的脑海里将不再闪现什么"有车有房，父母双亡"，也不是什么"才色兼得"，而是"灵魂伴侣"。

只有这四个字浮出水面，所谓宗法，所谓交换，所谓男权功利主义立场，甚至社会制度、时代变迁，才会雨打风吹了去。因为，千古以来只有一条定律是不变的：人生必死，在生命这个向度上，一切都将粉身碎骨。

这就是《红楼梦》里宝玉达到的境界，也是现代生命觉醒了的剩女们苦苦坚持的东西（也许她们自己也不知道自己在坚持什么），同时也是我们的鱼幼微所要的爱情理想——尽管，她生在古代唐朝，尽管，她仅仅是一名外宅妇，尽管，她才二十岁，但是先天的灵慧与生存环境的恶劣，已经让她的生命状态朦胧觉醒。

她想赌，押注就是那个男人，或者说那个男人的灵魂（如果有的话）。

所以，她拼命写诗（在她的创作里，三分之一的相思诗是寄给那个男人的），展现她过人的聪明与才华；并且，她总是不肯远离那个男人，因为她长得很漂亮。她知道，那个男人是喜欢的，喜欢她的美貌与才华，她隐约希望，他也应该喜欢她的更重要的东西（灵魂？）。

可是她失望了,那个男人让她去江陵,去一个离他自己更远一点的地方。他告诉她,他会去找她的。她顺从地离开了,她一直说服自己,那个男人一定会来找她,可是同时她自己也非常清楚:她失败了。

在那个时代,才华与美貌,根本就不是家世宗族的权威的对手,灵魂之爱更敌不过社会理性;或者,在这样的一个以生存作为基础的社会里,生命,本来就一直在生活面前,一败涂地——那个男人最终还是屈服于了现实。

那个男人叫李亿,进士出身,知识分子,娶妻于名门望族。

那时唐朝,望族,是每个知识分子的梦想。

男人现实

李亿出身贵族。

一个社会中人,是不可能不受法律约束的。

唐代的律法这样规定婚姻:"人各有耦,色类须同。"人必须跟自己同等身份的人结婚,而不同身份的人通婚,将遭受法律的惩罚——"诸杂户不得与良人为婚,违者,杖一百。官户娶良人女者,亦如之。良人娶官户女者,加二等。"对此,长孙无忌解释道:"杂户配隶诸司,不与良人同类,止可当色相娶,不合与良人为婚。……官户亦隶诸司,不属州县,亦当色婚嫁,不得辄娶良人。"

良人是身家清白的平民，良贱通婚，则"律无罪名，并当'违令'。既乖本色，亦合正之"。

李亿，贵族。

幼微，出身娼门，身属贱籍。

他们之间横着一条法律的鸿沟，通婚简直是妄想，某种程度上，甚至作为地位卑贱的外宅妇都是高攀，人家李亿正妻不同意她进门，不同意得如此理所当然。

一个社会中人，不可能不顾及社会风尚。

在晚唐，门第婚姻依然是社会风尚的主流。虽然在唐初，作为陇西贵族出身的皇室家族曾经采取了一系列政策来打击这种门第婚姻（如高宗下令几个望族禁止通婚），但是魏晋流传下来的门第婚姻依然是唐朝贵族们的噩梦，无论皇族对他们什么态度，几百年流传下来的社会风俗依然难以改变。

并且到了中晚唐，社会政治形势的发展使得皇族不得不重新对几个旧贵族（如山东贵族）妥协，采取又打又拉的政策。唐文宗曾这样感叹："民间修婚姻，不计官品而尚阀阅。我家二百年天子，顾不及崔、卢耶？"

连天子都向故旧贵族屈服，何况李亿？

一名进士子弟是不可能不顾及前程的。

我们常说隋唐创立的科举制度是一种社会进步等，但是历史的愿望往往跟现实离得很远。当时的实际情况是：政权还掌握在贵族手里，门第、威望还是他们手里的王牌，很少人像明朝士子那样单靠科举上位，也就是说成绩决定不了什么。

是，很多人说在中晚唐时期，官员们从贵族向官僚转化，但是转化是体制发展的需求，而对当时权力还掌握在贵族手里的政权，即使实行科举，可能也会深受门第因素——选举士子的人可是贵族啊，所以，在唐朝，科举也只是给寒族露出了一丝缝隙而已，大部分取得进士的，可能还是门第子弟。

而无论对于贵族士子，还是庶族士子，要想金榜题名，要想在仕途上有所作为，门第婚姻将是一个有力的工具，贵族子弟自然希望强强联合，而即使庶族，也希望能借由婚姻进入上层社会，进而发展自己的仕途前程。白居易在自己的诗歌里就坦白："士人重冠昏。"

柳宗元丧偶被贬以后，在《寄许京兆孟容书》云："荒陬中少士人女子，无与为婚。"说自己身在贬地连可适合与为婚姻的对象都没有，而且"世亦不肯与罪大者亲昵"——是他找不到女人吗？当然不是，只不过在荒野之地，没有贵族女性可以婚配而已。

李亿妻子，为名门望族之女，是仕途前程的一个有力支援，他绝对不可能为了幼微得罪老婆的。因此，横在幼微面前的，是法律禁忌，是风俗礼法，是作为士子的仕途前程。一个具有社会理性的男人怎么会选择幼微？

原来"艳遇"

《莺莺传》的作者元稹曾借张生的口对这段旷世爱情这么评

价——艳遇。

清袁枚《随园诗话》上记载："余戏刻一私印，用唐人'钱塘苏小是乡亲'之句。某尚书过金陵，索余诗册，余一时率意用之。尚书大加呵责。余初犹逊谢，既而责之不休，余正色曰：'公以为此印不伦耶？在今日观，自然公官一品，苏小贱矣。诚恐百年以后，人但知有苏小，不复知有公也。'"

袁枚很聪明，知道尽管苏小是娼妓，那位尚书大人是贵人，可是百年以后，流传下来的一定是苏小，那些富贵烟云是会随着历史流淌而过滤掉的。因此，我们现在看任何古人，都因为经过了时间淘汰，会平视，甚至仰视。而她们当时，其实被人瞧不起。因此张生评价莺莺为"艳遇"，类似现代有了二奶三奶以后的男人，在幡然悔悟，改邪归正，浪子回头以后，顿足捶胸的推托……

不可否认，李亿是渴望爱情的，正如前文所言，整个封建宗法社会给男人自身感情世界留下的缝隙太小，而只有与娼妓之间的结合，才是发自内心的、自由的。在青楼里，男女双方都不承担道德伦理的责任，没有门第高低的顾虑，不受贞节操守的束缚，从某种角度来说比较平等和自由，更能发挥个人魅力和体现自身价值。

李亿是在长安赶考的时候遇到幼微的。科举考试之前，士人们都是日夜温习，四处奔走拜谒，精神极度紧张，同时，孤身一人、成年累月地羁留外地，不免孤单寂寞。看着幼微的如花笑靥，李亿真诚动心过。

所以他没有把幼微留在娼门，而是把她带在了身边，他也曾经，想给她幸福，也许。

但是当他回到家里,面对着妻子和宗族,那些爱情突然变得轻薄淡远。当时士人重视的是名门望族,普遍浓厚的门阀意识使得士人以攀附高门为识时务,否则将为社会所不齿——他已经有了正妻。

男人,千古以来的社会标准沿袭就决定了的,婚姻爱情的根基就是功利主义的需要,他的矛盾不是哪个更好,而是哪个他更"需要"——那么,哪个他更"需要"?

这场赌注,从一开始,就注定失败。

可是,跟幼微又是什么? 每个人都必须为自己的行为找到理由。

士人风流。

地球人都知道,唐代风气开放,胡风、胡习十分流行,妇女们社交比较公开和自由,情感表达十分大胆坦率,贞节观念也比较淡漠。并且高宗以后,社会对士人的期望值是尚才华而不重礼法的,所以读书人修德的不多,浪漫风流不仅不是一种缺德,还是一种高雅的装饰。

安史之乱以后,藩镇维持均衡,唐德宗力图想用文治来粉饰苟安太平的局面,民间更是经历了众多离乱之后,希望在歌舞沉醉中尽快忘掉安史之乱那一段颠沛流离的苦难生涯,尽量满足自己心理、生理的享乐欲望,以作为补偿。故《国史补》卷下云:"长安风俗,自贞元侈于游宴。"到晚唐更是如此,从整个阶级上层到民间,蔓延着一种末路心态——"夕阳无限好,只是近黄昏。"黄昏的晚霞不仅没让人们更加警醒,反而促进了游乐主义的盛行。"时日不多,及时狂欢"占据了当时社会思想的主流,同

时,晚唐商品经济的发达,坊妓业的兴起也给这种狂欢提供了舞台,因此很多士人都普遍抱着一种冶游的心态,宴会娱乐、应酬赠答、出入狭斜追逐女性,并以此为风流佳话。

尽管李亿当时,在偶然的灵魂碰撞里,是认真的,只是,当回到家,回到从前的惯性思维里,这场爱情慢慢变质了。他无法解释自己的冲动,凭借自己的思维,也无法理解那种生命相爱的祭奠。对于那个有限的灵魂来说,不过火花而已,当火花熄灭时,当无法解释时,社会风气给他提供了一个很好的避难所,一个很好的借口。

士人冶游,风流罢了,只不过,是认真的风流。

人在面对过去的经历时,只有真正的定性才能真正的忘却。当李亿找到"风流"这个归结点时,这段经历就不再是所谓浪漫爱情,而仅仅是一时诱惑。很快,他回到了自己的社会惯性里,留下了无路可走的鱼幼微。

破灭之后

一名外宅妇,一名出生娼门的外宅妇,虽然没有来得及迎客送往,可是被男人抛弃了会怎样?

羞日遮罗袖,愁春懒起妆。易求无价宝,难得有心郎。枕上潜垂泪,花间暗断肠。自能窥宋玉,何必恨王昌。

《赠邻女》

很多人把这首《赠邻女》看作她性情转折的开始，认为她在被弃之后，终于女性意识觉醒，艳旗高帜，决心报复男人报复人生，于是过着近似娼妓的女冠生活，这其实是错误的（大概受传奇小说影响）。

如果她想报复男人，回到娼门是最容易不过的事情，而去道观做女道士却未必好玩。因为按照唐朝当时的伦理风俗，娼妓跟男人交接是最正常不过的事情，可是女冠跟男人发生感情是不太被允许的，起码是暗地里的事情。她如果真的像很多传奇小说或者流行版本那样，大张旗鼓地在道观张贴："鱼玄机诗文候教"，公开接客，那么很有可能先招来的不是男人，而是衙门捕快（不要忽略当时的社会风俗，做娼妓也是要有上岗证书营业执照滴）。

当时的鱼幼微并没有想报复男人，而且那首邻女诗，也并不是在她转身时写的。她当时还是个没有什么经历的姑娘，虽然天资聪颖，但是毕竟磨难不多，李亿的抛弃，对她来说，仅仅是第一次理想的失败而已。那么，当理想破灭以后该怎么做？

很小的时候，我们就知道"人生之事，十有八九不如人意"——是的，当我们长大以后，生活赐予我们的，更多是失望，而且越是理想主义者，失望的打击就越大，次数就越多，并且残忍的是，很多失望往往致命。可在面临致命失望（或者失败）的时候，人的选择是不同的。

曾经红极一时的性写手木子美，她的文字很一般，但是姿势吓人，因此在网络刚刚破冰现实生活的时候吸引了很多眼球。记得她说自己的第一次，那个男人并不爱她，并且已经有了女朋友，发生关系以后，那个男人让她独自一人满街转悠去买避孕药——在那些不带任何情感的冷漠叙述里，是一颗伤痕累累的心。

此后，她选择下沉，她变得疯狂并且怪异，据说一天要换多个性伴侣。记者要采访她，她居然说出"你在床上几分钟，我就给你多少分钟采访时间"的话来。性，已经成了她偿还伤害的方式，而在那冷漠的情感与欲望的膨胀背后，隐藏的是致命的绝望。

但是有的人会选择上升，选择依然相信人性的美好。歌德就因为受到初恋失败的打击，写出了传世名作《少年维特的烦恼》，并且始终跟自己的初恋和初恋的丈夫保持着美好的友谊。他没有绝望，也没有放弃对于美好事物的相信和追求——潘多拉盒子里灾难再多，毕竟还有希望。

第三种选择，是逃避。在远离尘埃与喧嚣里，在非现实的幻觉里，在来世的轮回与看顾里，获得心灵的宁静与皈依。

幼微选择了最后一种。

"破瓜之岁，志慕清虚。咸通初，遂从冠帔于咸宜……"这是唐末人皇甫枚在《三水小牍》里的记载——无论后世多少演绎，这个最近于她时代的记载，某种程度上更真实。那个时候，幼微是真诚的，她真的想在成仙入圣的渺茫里，寻找到自己的心灵归宿。

而道教，是最好的选择。

红尘转身

　　性情选择方向，气质选择信仰。幼微，最终还是选择了道教。因为这个宗教更近似于她本身的气质——道教是切入世界的，我想。

　　它是乐生的，是在肯定现实世界的基础上追求天地之"道"——即"规律"，天地万物的规律。道教希望宇宙中最高级的生命体——人类能顺应规律，现世通过自行的炼养、修道而成仙，达到"长生不死"、"肉体飞升"，以登清虚之境。

　　这个姿势，是切入的。

　　逃脱世俗，截断的是生活，而不是生命。

　　我们平常身处"生活"里面，所谓功名利禄富贵权势，所谓吃喝拉撒，所谓家庭事业孩子老人，所谓满足虚荣安全等感觉，是生活。而生活本身，是有限的。无论你怎样富贵权势，无论你怎样才华横溢，无论你怎样国色天香，到头来终究是黄土一抔——你的一生，都是在走向坟墓。

　　人生必死，生活有限。

　　只是，别死心，上帝也给了人类另外一种东西，这种东西说起来玄乎其玄，其实很简单，就是理想，或者叫做信仰——无论你信仰什么（爱情？美好？宗教？艺术？）它都会让你超越生活的有限性，走向生命的觉醒。当你真正觉醒的时候，你就真的

"存在"了，并且，"存在着"——作为宇宙中恒河沙数般的个体，你不再是分子原子的暂时组合物，也不再是烟花般转瞬即逝，而是有灵魂的、有独立自我的走向无限，走向永恒……

幼微是个有灵魂的女人。有灵魂的人一定是一个生命觉醒者（无论她以什么方式觉醒），一定要真的在这个宇宙中获得真实的"存在感"，那么，她就必须有信仰地"活着"。

但是不要以为作为一个生命觉醒者要达到多么高深的境界，其实在很大程度上，大家都觉醒过。我相信每个人年轻的时候都有过理想，每个女人都曾经信仰过爱情。

且看当下一些网络小说，大多以男主角爱上女主角为终结。我想，这些小说的作者显然都是女性。因为，女人永远是重视感情的。虽然这其中反映了女性的部分心理情结，但是，女人最终落实的地方，永远是感情。这是本能，一辈子都很难改变的东西。

当然，这也不是坏事。它让女人有更多机会远离世俗诸多繁杂，被赋予了男性不能堪比的纯真性，因为感情，毕竟是最近于生命本身的东西——我总相信，每个女人，都曾经信仰过爱情，每个女人，都曾经经历过生命的觉醒。

可是生活不是韩剧，觉醒后，还有伤害。

像大多数人一样，幼微被爱情抛弃了，但是她不可能再回头，她不能跟现在很多人那样，要现实起来，凑合结婚生孩子，走大多数人"应该"走的道路；不可能像那时很多女人那样，要实际起来，随便嫁给一个商人或者回到娼门，走大多数唐朝下层妇女"应该"走的道路。毕竟，她还有灵魂，她必须有信仰地活着，于是，再次选择。

可是方向并没变,依然是切入——甚至终其一生。对于这个残酷又残忍的世界,她始终都在切入、在面对、在投入、在挣扎、在反抗,但是,始终,她都不会背向、不会冷漠、不会袖手。

鱼幼微,就是鱼幼微。

这个女人没有选择佛教。

信仰都是关乎生命的,宗教当然也是关乎生命的,但是并不意味着所有宗教的生命方式是相同的。面对生死,面对有限无限,面对生活生命,不同的宗教,采取了不同的姿势——如果说基督教是以至善的姿势融入世俗生活,道教是以"规律"的方式切入生命永恒,那么,佛教,则是选择背向世界。

在佛教徒眼里,现世生活是虚幻和暂时的,而彼岸世界才是幸福和永恒的。人生,就是连续产生和忍受痛苦的过程;所谓"三界无安,犹如火宅",现世生活就像苦海、火宅,漫无边际,将众生无情淹没——一句话,早死早解脱才是正理。

幼微是绝对不会想早死早解脱的。因此,那断绝的生命姿势,显然并不适合我们的女主角。

在当时的社会环境下,在有限的宗教抉择里,道教,显然是最好的选择。

偶尔屈膝

虽然刘若英高唱《为爱痴狂》,但是我想没有一个正常人会不顾生活基础,饿死了也要选择爱(迫不得已除外)。人,毕竟要生活在这个现实世界里。

幼微选择道教,还有一个很不带颜色的原因:经济基础。

被李亿抛弃,断绝了经济来源,幼微曾经挣扎过,或者应该说是求助过,因为她是通过另外一个男人认识李亿的,这个男人,就是鼎鼎大名的晚唐大诗人温庭筠。有人考证说,温很早以前就认识了幼微,怜惜其才,但是一直以貌自卑,加之年龄相差悬殊,因此不肯接受幼微的感情,最后把她介绍给了贵族公子李亿。

其实我们很难确定几个人的私密生活究竟是怎样的,但是从幼微后来的诗作里,可以看出在她出家之前,是认识温庭筠的。她出身娼门,而温庭筠是有名的风流才子,认识的几率很大,而从李亿把她娶为外宅妇来看,似乎应该不是温庭筠的情人之类(否则不会推荐给李亿),最多是彼此欣赏的好友。至于温庭筠的心思,很难说。

如果是一个男性作者,估计要把这种退让比喻成伟大的"爱情呼叫转移"——我不能给你幸福,我找个人给你幸福。这其中包含着男性自私而自卑的一面——这个世界,谁的幸福也给不了谁,幸福是彼此给的,你拿女人当什么?

但是要说温庭筠有这种想法,也是有可能的。这位大才子虽然出身名门贵族,为唐初宰相温彦博的六世裔孙,但到他父亲时家世已经衰微。他本人虽"弱龄有志"、才思敏捷,却"徒思效用",唐文宗开成四年(839),二十八岁的他赴京应试,结果金榜无名,抑郁归里。唐宣宗大中元年(847),三十六岁的他仍然踌踌满志地又一次到长安赴试，结果还是名落孙山。后来毕生未能考取进士。

空有济世之志，却无报国之门，偏偏热衷仕途，多次上书以求引荐，也仅做过巡官、县尉、国子监助教之类的小官，并遭到一贬再贬。如咸通六年（865），他出任国子助教，次年以国子助教主国子监试。因为曾在科场屡遭压制的缘故，更加严格以文判名词——"乃榜三十篇以振公道"，并书榜文曰："右，前件进士所纳诗篇等，识略精进，堪神教化，声调激切，曲备风谣，标题命篇，时所难著，灯烛之下，雄词卓然。诚宜榜示众人，不敢独断华藻。并仰榜出，以明无私。"将所试诗文公布于众，大有请群众监督的意思，杜绝了因人取士的不正之风，在当时传为美谈。而此举又给温庭筠带来了不幸，当朝宰相杨收非常恼怒，将温庭筠贬为方城尉，经过这次打击，年事已高的他终于在次年冬天抑郁而亡。

我想，这位才子的一生，是出典型儒家士子的悲剧。有才气，有志向，却把自我价值唯一性地指向了庙堂仕途，想"达则兼济天下"，认为这样才是有价值有意义的人生，可惜生于晚唐这样的乱世，朝廷腐败，皇帝昏庸，自己又不肯屈尊从俗讲求策略，想以偏激的姿势来反抗来自社会与命运的不公，想按照自己的方式扭正许多无奈，自然不能为时势所容，于是，徒然颠沛流离于仕进之途，最后抱恨而死。

这样一个不得意的社会边缘人，因为对于主流的不认同，反而能低下身来认真注释幼微这样的底层妇女（他的很多诗词都体现了对下层妇女的同情和赞赏），只是，自身飘零，又热衷仕途，他娶不了她（婚姻是用来帮助仕途的），又不能低看了她（很

38

理解欣赏她的才情），所以只能把她介绍给更合适的男人。

而他也没想到，李亿会这么薄情，这个包袱被甩了回来。

幼微被抛弃了。

有一 MM 刚刚分手，问我，是否要接受另外一个男孩的追求。

我问她："你爱他吗？"

她默然良久："我需要他，现在。"

"那还是算了。"

"为什么？"

"因为你现在没有在对的时刻。"

"什么时候是对的时刻？"

"当你不再伤心的时候。"

人往往会有这种体验，当处在一个特殊心境下的时候，就不再是常态的自己，在失去了理性判断与对于他者的把握能力的时候，所做出的选择一定是盲目的——这位 MM 刚刚经历了情感的挫折，她所需要的，只不过是情感上的抚慰，不管对方是什么样的，只有能给予温暖，即可。

人，很脆弱。

幼微被抛弃以后，并非很简单地选择入道。她，是挣扎过的。毕竟她还小，世俗对她还构成诱惑。在世俗的选择里，如果不愿再回娼门（她是有自尊的），只能再找个人家——她向温庭筠伸出了手。

这个男人，曾经给予了她真正的理解与尊重，也曾给予了她一个幸福的期待，她把他当做兄长一样来敬重，只不过，现在她也顾不得自己究竟是什么感情了，无论是情感上的孤寂还是生活里的困窘，她都必须行动。

她写了一首诗。

一首哀求和示意的情诗。

苦思搜诗灯下吟，不眠长夜怕寒衾。满庭木叶愁风起，透幌纱窗惜月沈。疏散未闲终遂愿，盛衰空见本来心。幽栖莫定梧桐处，暮雀啾啾空绕林。

《冬夜寄温飞卿》

"盛衰空见本来心。"

其实从一开始，她就知道了。

李亿空有一副好皮囊，一个好前程，一个好名分（进士），却没有真正了解过幼微。也许在他的眼里，幼微只是一名惹人心动的雏妓、一个善解人意的女人、一个才貌双修的尤物。他爱过，作为玩具，珍惜过、喜欢过、爱护过，也曾认真过，但是，玩物就是玩物，谁都犯不着为这个玩物身败名裂、家族不安。最终，他很"理性"地放弃了。

幼微应该是很了解李亿的，只不过，现实太残酷，她经不住那少年得意的诱惑，自我欺骗了过去，现在这个结局，也是活该。

可是当她回头，满目凄凉地看着温庭筠时，心里慢慢生出些希望来——"不眠长夜怕寒衾"。也许只有这个落魄的男人，才真正平等地看待过她。

她在求助，也在求爱。

但是那个男人沉默了。

我翻遍了他的诗词都没有发现有一首是明显寄给鱼玄机的。他是狂妄不羁、风流浪荡，但是哪怕那种偏激的反叛，也是一种入世的爱罢了——那个时候，他正做国子监助教，这是他一生里做过的最大的官，那些渺茫的抱负又从心底里隐隐燃起，事业正起步，谁不希望自己的仕途里有一个有所增益的名门？他不能娶她。

再说本来就声名狼藉，这把年纪好不容易混到这个职位，正要乖乖地做好学生，无论官声还是名声，他都不敢娶她，哪怕纳妾都会感到无颜的尴尬——那是豪族李家的弃妇，没必要让人笑话！男人，尤其是文人，其实也就这点胆量。

现实选择

但是毕竟，他还是尊重她的，于是建议她入道。

幼微屈服了。

爱情的幻灭、求助的拒绝，她灰心了，原来，这个世界上，很多东西，根本拗不过，挣扎了一场，眼见的，却是一次又一次失败，她是鱼幼微，出身娼门，命中注定。

这个时候，老子站了出来，告诉她，天下万物都有不可抗拒的"道"，一个人在这个世上，要"顺天而行"，才能达到"自由自在"的福地……于是"破瓜之岁,志慕清虚。咸通初,遂从冠帔于咸宜……"。

但"冠帔于咸宜"却并非那么简单,因为"冠帔"的对象可是当朝国教。那个时候,道教已经被高举到皇族本家的程度。

在唐朝初年,道教也还只是一个宗教,虽然地位高于儒、佛,几位皇帝也很是崇尚尊重,又封老子又祭祀等,但是要看一个宗教的地位,还要看其机构设置。

道教的管理机构在唐朝屡次变动,但是却越来越独特越来越重要,本来跟佛教一起属于一个宗教部门,但是却随着地位的提高被单独分了出来。皇帝还分专人来管理这个宗教——在玄宗时期,它居然被划分到了宗正寺,那可是李唐王朝专门用来管理自己李家本族事务的部门。这一举动,相当于直接承认道教是他们的本族宗教。

因为是自家亲戚的缘故,李唐皇室的公主们开始前仆后继地入道,先后就有十一位出家做了女道士。她们是:睿宗女金仙、玉真公主、玄宗女万安、寿春公主,代宗女华阳公主,德宗女文安公主,顺宗女得阳公主,宪宗女永嘉、永安公主,穆宗女义昌、安康公主,等等。

既然能跟公主一起做"同道中人",待遇自然不会太低,唐代对于正式度为道士者是有优惠政策的:"凡道士给田三十亩,女冠二十亩",甚至还能免除租税课役,脱离贱籍(娼门),拥有奴婢使唤。此外,作为女冠,还可以脱离父权、夫权的羁绊,借求仙访道,游历洞天福地,假人诵经讲法的机会,自由地交结异性,最后,还能去病攘灾,祈求长生……何乐而不为?

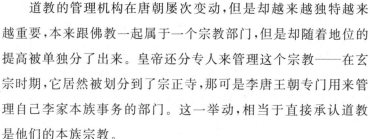

幼微当时出身低微，又作为一名弃妇举目无亲，道教给予她的不仅是一份精神的慰藉（逃离世俗、寻求天道），同时也是一种经济上的支持与摆脱身份的机会，但是说到是为了跟男人自由交往，我想没有，起码当时没有。

她在那种境遇下，还没有那么多心思估计如何跟男人交往，因为她的生活里缺少很多东西。一个人在困难的境遇里，欲望一定不会是伸张型的，她不是什么都不缺就缺自由的玉真公主们，也不是那些渴望长生不老的贵族妇女。弃妇如她，第一必须解决的是生存，其次是幻灭之后的失重。

她是真心求道的，至少在当时。

这就好办了。

自古以来，在巨大的利益面前，假装信仰的很多，思想，又是最难界定的事情，那怎么办？

唐王朝的统治者们是这么解决的：

程序与考试。

那个时候，虽然崇尚文采，但是识字的人毕竟不如现在多，政府规定了严格的程序与考试内容来淘汰众多居心不良者。

穆宗长庆二年（822）五月正式令规定："诸色人中，有情愿入道者，但能暗记《老子经》及《度人经》，灼然精熟者，即任入道。其《度人经》情愿以《黄庭经》代之者，亦听。"

在当时社会条件下，要精通《老子经》与《度人经》可不是件容易的事，相当于你现在加入某个组织，让你倒背如流其纲领，能做到吗？何况我们现在教育普及程度，是唐朝远远所不能及的,男人都很难做到,识字机会少的女人就更难做到了——唐朝的女冠子数量远远低于佛教的比丘尼,就是这个道理(门槛太高)。

此外,淘汰的条件还有,严禁私自入道,必须要由官府批准,领取由尚书省祠部颁发的度碟,才算成为合法的道士,称为正名道士。度碟,是官府颁给合法出家道士、女冠的身份证明书。道士还俗或死后,由州或县将已度道士、女冠的姓名、乡贯、户头所习经业及配住宫观等项填表送本司;其度碟由本观三纲封送本司,严禁转让。

严格吧?

可是幼微通过了。她应该熟读了《老子经》和《度人经》,又有师傅带领,并且通过了官府的审核,才正式成为长安咸宜观的女道士,更名为"鱼玄机"。

曾经清净

人,对自己过五关斩六将得来的东西,是不会不珍惜的。

我相信,在相当一段时间里,她是认真求道的,她也曾试图在宗教体验里寻求自己的终极归宿与灵魂觉悟。

道教成仙本来就是人人渴望的事情,这些神奇的传说,玄机一定也知道,她的师傅也一定用这些例子鼓励过她,让她更能脱离凡心,去追求修炼成仙的道路——我们千万不能小看一种文

化氛围的价值取向，人，是很难超越其生存环境的。

后人只看到鱼玄机、李冶等女冠们的风流放荡，只看到玉真公主们的沙龙女主人作风，却没有看到沉浮在那几个背后出挑的大多数——王小波所说的"沉默的大多数"。其实，历史更多是由"大多数"构成的。在一个社会阶层里，最道德的，永远是社会中层。皇室贵族们因为享有太多的资源，欲望更容易膨胀，因此行为往往变态妖孽；下层百姓因为生活所迫，贫贱交加，因此也顾不得那么多伦理道德；而只有中产阶级，他们的束缚和资产不多不少，正好是社会规范最适合的那个层面，因此，是最为遵守纪律的好学生——有人就这么说过，美国最道德的阶层是"中产阶级"。

道士女冠不事生产，而且还享有田产奴婢，进入这个层面的人（公主且不说），无论是上层还是下层，都要在享有部分自由与生活保障的同时，付出相当的代价——你必须遵守诫命，像一个真正的修炼者那样生活。因此，在当时的情况下，最正常、也是最常见的，就是真诚修炼的女道士。她们大多数，可能都像道家经典《洞玄灵宝三洞奉道科戒营始卷一》所规定的那样：

若道士，若女冠，举动施为，坐起卧息，衣服饮食，住止居处，莫不具于经旨。其立观度人，造像写经，供养礼拜，烧香明灯，诵读讲说，传授启请，斋戒轨仪，修行法相，事事有则，皆著科条，其来已久。

在提倡修炼超凡的同时，道教对出家女冠的言谈举止、衣服饮食、日常修行、行止居处等都有严格的要求，且制定了相关的行为科戒。如奉师科戒、讲诵读经科戒、止科戒、居住科戒、服饰科戒、饮食科戒等——你以为当道士那么容易？

45

谁也不是生下来就想"出轨"的。

在起初的起初,幼微原来是想按照常路来走的,毕竟被男人深深伤害过,不想再涉及爱情这个雷区,即使给予了一定的自由空间与尊重,脱离了卑贱的地位,她依然不想。

她试图像那些传说中的女仙,或者真正的女冠榜样一样去生活:远离尘世,独居静修,寻仙访道,以求长生,结交道友,共研道法……她的很多诗歌都反映出她确实这样清修过。

访道友:

霞彩剪为衣,添香出绣帏。芙蓉花叶□,山水帔□稀。驻履闻莺语,开笼放鹤飞。高堂春睡觉,暮雨正霏霏。

《寄题炼师》

何处同仙侣,青衣独在家。暖炉留煮药,邻院为煎茶。画壁灯光暗,幡竿日影斜。殷勤重回首,墙外数枝花。

《访赵炼师不遇》

访仙游:

闲散身无事,风光独自游。断云江上月,解缆海中舟。琴弄萧梁寺,诗吟庚亮楼。丛篁堪作伴,片石好为俦。燕雀徒为贵,金银志不求。满杯春酒绿,对月夜窗幽。绕砌澄清沼,抽簪映细流。卧床书册遍,半醉起梳头。

《遣怀》

所谓"金银志不求",表明自己的志不是燕雀垒小窝,不是金银满高堂,而是闲散地在林泉烟岚间浮杯酌酒、倚窗邀月、江边赏月、海上泛舟、古寺抚琴、名楼诵诗,与翠篁作伴,与山石为友,

天地之间，逍遥恐怕莫过于此……

也许，道教真的给予过她世外的抚慰，在流连山水时，在觅天寻道中，当清虚看物、观照自身时，那一山一石、一草一木，尽是生生不息——所谓"圆首含气，孰不乐生而畏死"。

那个时候，她曾经清净而快乐过。

异度空间

在幼微要变成鱼玄机的时候，她或许是急于摆脱这种困难处境，又或许是想找到另外一种寄托；可是当她变成女冠以后，世界给她展现出了另外一个面：

她可以脱离娼门出身的阴影，拥有稳定的经济来源（二十亩田），甚至可以拥有奴婢……

她可以保留青丝，加上道服莲冠霞帔，仍可以拥有美丽如许的面容……

她可以借求仙访道，游历洞天福地，并假人诵经讲法的机会，可以自由地交结异性……

甚至，她可以拥有她梦想的东西：平等。

道教是一种非常尊重女性的宗教。

《老子》里有大量的雌性比喻，以及对与阳刚相对的品质的强调与推崇，都使得无论后代的理念如何变迁，都无法消除阴阳相称的痕迹。而只要阴阳相称，按在人类身上，就必须有男，也有女。这基本决定了道教对女性，是宽容甚至尊崇的。

当然，后来者还有更雷的说法：外国学者李约瑟认为，老子的思想来源于母系氏族社会，是女性崇拜的反映，因此其思想应该是女性化的——"儒家知识属于男性化的，倾向于操纵和管理的知识；道家传统反对这种知识，寻求一种女性化的接受型的知识，它只能来自观察自然过程中的被动顺从的态度。"

总之，因为道家思想本身的基础特点，即使在以男权为中心的封建社会里，依然消除不了女性的影子。我们知道，佛教里面成佛的大多似乎应该是男性，但是在我们的"天庭"之上，坐着的可是玉皇大帝与王母娘娘，而了解一点中国神话的人都明白，其实王母娘娘的权力并不小，甚至可以跟玉帝并驾齐驱。

在佛教里，我们经常称某个高僧为"罗汉"，但却很少听到叫某位尼姑为"菩萨"的；但在道教教义中，只要修行，女性像男性一样可以得道升天——无论《封神演义》还是民间牛郎织女的传说，都储备着大量成仙得道的女仙阵容。

同时不应忽视的是当时入道风气盛行，公主身份的加入以及她们的行为风尚，都无形中提高了女性在道教里的地位。

试想一下：在一个以男权为中心的社会里，本来女子多隶属于某一男性，在家从父、出嫁从夫、夫死从子。没有独立的人格，也没有什么可以平等的可能，而进入道门，则成为"无主"一群，宗教里又本身尊崇女仙的存在——对于一个拥有灵魂的女人来说，没有什么比这个更重要的了，因为，在还是鱼幼微的时候，她所梦寐以求的真爱起点，就是平等。

意外诱惑

幼时读《西游记》，仅感受猴子闹天宫的畅快与斩妖除魔的惊险；少年再读，却是人大心也大，只在犄角旮旯里寻微妙处——从前吴承恩的那些文言诗句是从来不看的，后来却喜欢读了，隐约记得看到惊心动魄的这样一句：和尚最淫。

具体是怎么形容的忘记了，大体就是说，像和尚这类人，不事生产，不像俗人那样忙忙碌碌，没事干欲望自然膨胀，又加之清规戒律严苛，天天见不到什么女色，因此大多数都是不能真正做成和尚，而只是"秃驴"……

伏尔泰说："工作，使我们免除三大不幸：烦恼、纵欲和贫穷。"

人，活得太轻，就给欲望留下了膨胀的空间。

当幼微（应该叫"玄机"）开始适应、并且习惯这种道士生活时，当她真的在尘俗之外寻求自我的超越时，命运，却又为她敞开了另外的出路——"风月赏玩之佳句，往往播于士林"。

她意外出名了。

唐代妇女虽然普遍素质很高，但是并不意味着大多数文采斐然。从中唐开始，关于妇德教育就从开放走向了保守的儒家，女子无才便是德，真正让人赞赏的是自贬自抑，以内言不出为戒，以"不以才炫自律"。唐孟昌期之妻孙氏善诗，常代替丈夫作诗,有一天忽然觉得"才思非妇人事",便烧掉了诗稿。而且即使大家闺秀有才思也未必能流传出来——这也是她是幼微的时候,寂寂无名的原因——那个时候,为人妇,即使有才华,有容貌,因为还没来得及在娼门下海,也传扬不到哪里去,而现在,是一名女冠子。

她终于可以自由行走,自由作诗。一个如花美女,又是才华横溢的才媛,又是自由身份的女冠,招点蜂引点蝶,是情理之中。

更何况,现实条件也提供这种可能:虽然唐代对道教的管理很严格,但是人性总能在规范之外膨胀出些许另类来。社会风气的开放让一部分女冠跟士人交往成为"潜时尚"。上层有公主们游仙时,经常伴随着一堆文人吟诗作对,甚至放浪笑谑(李白就是凭借玉真公主和道士吴筠的引荐而入宫为官的);下层又有李冶等很多另类女冠做榜样,加之中晚唐时期狎游之风盛行,士子们在赶考交游的时候,特别爱住在寺庙道观,尤其是女冠生活的道观,白居易就曾经居住在华阳观——虽然皇帝也试图禁止过,曾下诏限制俗人客居道观;但是,制度归制度,社会风气很难因为某种法令而改变,文人们出行时照旧爱往女观跑。

道观,有士子隔壁而居,出行,有从游的时尚,世俗的另外一种诱惑,像头狮子一样蹲在玄机命运的门口。

追捧迷失

过完2009年春节,有朋友问起:"看今年的春晚如何?"

"没看。"

"怎么没看?大家都看。"

"我已经近十年没看春晚了。"

朋友感叹:"你真先进!"

51

其实春晚不是不好,只是已经跟这个时代严重脱节了。中国的综艺节目需要改变方式方法了。据说日本每年过年也有一个这样的"春晚",只是形式不同,它是把一年当中最受观众欢迎的歌手召集起来进行男女擂台对唱(真唱)。因为门槛极高,选拔严格,因此历经数年不衰,深受观众欢迎。

春晚过时了,如果再不找到它的生命点,只能走向衰落甚至死亡。当然,在这个生命体上,也还有东西在闪光——赵本山的小品。赵本山据说出身穷苦农民,是东北二人转的小剧场演员,却在二十年前一夜成名,从此成为中国小品艺术界的常青树。二十年,经久不衰!

二十年,多少明星过眼烟云;二十年,他还站在那里,给人们带来欢乐和笑声——靠什么?如果说一夜走红靠的是他的先天的灵气与才华,那么其后的二十年呢?靠的是心态。

成功,是考验,但是最艰难的考验,是成功以后。

他成名以后没有急于脱去农民的土味,也没有修饰自己的出身,而是再次扎根于民间生活,把土生土长的"二人转"发扬光大,成为全国性的、为更广泛受众所接受的艺术精品,这,就是这位常青树的秘诀所在。

他能做到,但很多人做不到,因为在名誉、利益以及虚荣面前,不跌倒,很难。

玄机从来没想过,自己有一天可以这么受人追捧,而且,不是俯仰皆取悦于人的歌妓式的追捧,而是真心为她的美貌和才华所倾倒——诗作,没写几天就传遍了文人圈子;容貌,没做什么就引得众多人来拜访。男人,居心不良和别无企图的各式男人。她惊异地看着这一切,没想到自己居然这么有魅力,有价值,不再受人轻贱、被人拒绝和抛弃,取而代之的,是见一面而不得的高贵……

我总想,一个人也许能拒绝利益的诱惑,或者更高深一点的,能拒绝虚名的诱惑,但是却很难拒绝众人追捧的眼神。每个人在作为个人存在的时候,都是渺茫而脆弱的,很多人是通过别人来肯定自己的,他者的态度往往能左右内心的判断,而当面对鲜花与掌声时,难得会有膝盖骨硬得起来的。

并且,人是有贱性的,外在肯定往往与内在判断成平方增长——当一个人肯定你 A 时,你的内心会判断自己为 A^2,当两个人肯定你的时候,你的内心会判断自己为 A^3……以此类推,终究有一天,你会完全自恋成狂,到那个时候,错觉就要产生,你将以为全世界都该归你,你将以为,所有人都必须听从你的意志,这个时候,你的最好归宿,只能是疯人院。

被人追捧,其实是件可怕的事情,托身道门的玄机,有点迷失。

也曾挣扎

但是毕竟，她不是一个普通而肤浅的女人，她也挣扎过。

临风兴叹落花频，芳意潜消又一春。应为价高人不问，却缘香甚蝶难亲。红英只称生宫里，翠叶那堪染路尘。及至移根上林苑，王孙方恨买无因。

《卖残牡丹》

当年，她生在娼门未成时，无人问津；当初，她被人抛弃走投无路时，无人求助——所谓"临风兴叹落花频，芳意潜消又一春。应为价高人不问，却缘香甚蝶难亲"。

终于绝望，投身道教。本想在世外寻找一片清净的寄托，却引来了这么多蜂蝶，这么多男人，有的甚至比那个李亿更优秀，可是，她已经"移根上林苑"，方外之人，"王孙方恨买无因"了。

后代古人说，唐朝女冠如娼。

清王士祯在《居易录·卷八》中提到："唐初公主多自请出家，与二教人媟近。商隐同时如文安、浔阳、平恩、邵阳、永嘉、永安、义昌、安康诸主，皆先后丐为道士，筑观在外。史即不言他丑，于防闲复行召入，颇着微辞。"

唐人皇甫枚《三水小犊》、孙光宪《北梦琐言》对后来鱼玄机的行为有所非议，认为她"不能自持"，责其为"娼妇"。

《太平广记·卷一三三》载绿翘遣责鱼玄机云："练师欲求三清长生之道，而未能忘解佩荐枕之欢，反以沈猜，厚诬贞正。"

《唐才子传·卷二》说李冶"后以交游文士，微泄风声，皆出乎轻薄之口"，表明她的这种生活方式是不为主流社会所认可的。

明末钱谦益更直呼风流女冠李冶为"妓女"……

民国学者苏雪林在文集里，也从其与文人的酬唱诗中体现出的恋爱关系，确认女冠是半娼妓式的女道士。并分析说，一是女道士都受过教育，通晓文墨，士大夫都喜欢与之交游。在诸多的营求与唱和中，女道士与文人之间往往会出现风流韵事；二是士大夫们与之交游有时可以阶进；三是女道士为出家之人，既无财产，又无固定的收入，多靠道外之人接济为生，或凭自己的技艺谋取生活来源。她们在与达官贵人和风流文士的交往周旋过程中，不免会有一些逢场作戏之举……

此后，唐女冠如娼似乎成了一种流行的传说，尽管今人回顾的时候，都是站在女性立场上为鱼玄机说好话，但是难免依然认为，她如娼，只不过是个很有水平很先进的娼。

其实这是一种误解，误解起源于大家没有看到当时的风尚和道士制度。

首先，玄机不靠男人吃饭，女冠是有一定的经济来源的，娼妓的衣食父母，就是男人——这很重要，经济基础决定地位的平等。

其次，也是更为重要的一点，当时女冠交际并不是社会风俗

的主流。唐人对女道士的期待值是卢眉娘式的,李冶只是另类而已,人们对风流女冠的生活方式其实并不接受——当时的风流女冠就像现在的"二奶"、"婚外恋"、"一夜情",有,很多,但是不是社会的主流规范;同样的,后人推测的鱼玄机大张艳帜,贴在门口"诗文候教"也是纯粹 YY,就像现在有人在自己脑门上贴着"我要一夜情"上街闲逛——你敢吗?

千万不要忽视风范的作用,谁都想在常规里安稳地生活,鱼玄机也是个凡人,她,不能不顾忌。

于是,在众多的追求者面前,在主流价值的压力面前,在曾经的清净快乐面前,鱼玄机开始不断挣扎……

博弈生活

人,无时无刻不在选择当中,而你的每次选择,都在微妙地左右着你的人生方向。

其实我从来不主张时刻理性地对待生活,虽然这个系列里透出的某些主题含有理性的成分。但是就像很多哲人思考的那样,"完全的理性"就是"完全的扭曲",随性的生活,才符合豁达丰富的生命本身——海德格尔说,人应该"诗意"地生存在这个地球上。

只要"诗意",就有情感或者情绪,有了情绪就会犯错,但是即使错了也没关系,只要不伤及他人,只要你甘心——人生的选择本来就没有对错,衡量的标准只有一条:适合。选择之前,你是清醒地知道后果并甘心去承担的,即可。

可惜,现实往往不如人意,很多人,或者更多的人在面临选择时,并不知道自己想要什么。先天智商以及情商的匮乏,使他们在各种抉择因素的交杂中,往往是:一根偏斜的稻草,就可以压倒一头骆驼;一个偶然的闪烁,就可以左右当时的抉择;一时情绪的冲动,就可以扳成不可思议的结局……最后,被这种抉择所吞噬、所凌驾、所左右——永远去做自己做不到的事情,永远达不到自己想要的目标,而只能在忍受和痛苦中慢慢走向崩溃,或者消亡。

因此,为了避免更多抉择性的悲剧,人们发明了"博弈"(原本是经济学的一个概念)。

博弈,简单来说,就是主动抉择,理性抉择。

在人生大事上,重大抉择前,人们要主动抉择,而不是被动牵引。要明确最需,而不是茫然适从;要承担后果,而不是怯懦逃避——这就是"博弈"。

百度上这么解释"博弈":是指在一定的游戏规则约束下,基于直接相互作用的环境条件,各参与人依靠所掌握的信息,选择各自策略(行动),以实现利益最大化和风险成本最小化的过程。

其实"最大化的那个利益",在生活里则不仅仅指的是金钱地位权势虚荣的外在,还意味着你内心最想要得到的东西。当然,如果你就是有钱就快乐的主儿,那么恭喜你的浅薄;但是往往更多人并不想要这些,他们抉择的原因非常荒谬,经常是因为想要模仿他者、因为一时情绪冲动、因为自己也不知道想要

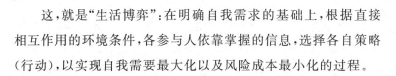

什么。

博弈，就是教你在各种因素的挣扎里，保持理性。在生活里，钱不是万能的，但是没有钱却万万不能；在人生中，理性不是万能的，但是没有理性却万万不能。我一直很信奉萨特的那句话——自由选择，自我承担。

这，就是"生活博弈"：在明确自我需求的基础上，根据直接相互作用的环境条件，各参与人依靠掌握的信息，选择各自策略（行动），以实现自我需要最大化以及风险成本最小化的过程。

其实，我也不知道该如何抉择，但是想清楚你最想要的，然后选择你最能实现愿望的那个，最后勇敢承担所带来的一切后果——人生抉择判断无他，只要你甘心，只要你不后悔。

很可惜，玄机没有学过经济学，更不懂什么叫博弈。赶现在的时髦话说，她也只是个文艺青年而已，而且还是个文艺女青年。

投降爱情

有人曾经这么开玩笑：自杀的方式有很多种，嫁给艺术家是其中一种。

我们看很多搞艺术的人，无论是文学、绘画还是表演，幸福的感情婚姻很少有；娱乐圈里那么多不幸的结合，其实跟职业是有关系的。我总认为，单纯追求美的人生，是偏执而不正常的。这样的人因为经常会受到美的诱惑，以致审美感过度，又因为在追求审美过程中忽视了道德的制约因素，所以显得更加风流放荡。

如果生活于现实的今天，玄机绝对是个标准的文艺青年。

同样身为风流女冠，李冶和鱼玄机的诗是有些差异的：李冶相对来说境界更旷达，思维更理性；而玄机的诗作，却充满了感情，即使是清净的，却也还是热烈的。这样一个女人，是不可能不被世俗诱惑的；而作为一名多愁善感的文艺青年，即使能抵挡世俗，感情也将是她致命的软肋。

其实在那个时代，那个处境下，不爱任何人是对自己最好的保护，可惜，她是鱼玄机，是文艺女青年鱼玄机，世俗如果还能让她勉强抵挡，但在爱情面前，她的防线终于彻底崩溃了。一个女人只不过受过一次伤害，还不足以让她看透人性，世俗那么喜气，感情那么可爱，她还依稀记得跟李亿的那段恩爱的美好时光，就这么投入寂寞的仙道世界，她舍不得。

她投降，并且转身。

她爱上了一个男人，这个男人，同样姓李。

其实，如果你的另一半不自觉地按照从前的恋爱模式，那证明他很怀念曾经的那段感情，并没有从那段感情里走出来，因此下意识里是想把你作为一个"替补者"来还原从前的美妙感觉——鱼玄机爱上的这个男人，也姓李。

今日喜时闻喜鹊，昨宵灯下拜灯花。焚香出户迎潘岳，不羡牵牛织女家。

《迎李近仁员外》

她在寻求从前感情的影子,而那个男人,可能也跟李亿有着某种相似的特点,她动心了,她成了"风流女冠"——世人鄙视的那种。

女人品级

古龙说过:一个女人本来是头"猪",但是当有一个男人追求的时候,在别的男人眼里就突然成了"人",而当有两个以上男人追求的时候,这个女人就成了高贵无比的"金子"。原因无他,雄性之间的竞争心理,看着很多人抢购,不管这个东西如何,都觉得是"好"的。

而女人,很多女人正是利用了这样一点。

笔者从前有位室友,长得不是很漂亮,人也不是多优秀,但却吸引无数英雄竞折腰。追她的人海了去了,每天我们其他几个的主要任务就是充当"护花使者",挡驾 N 多"采花贼"。经常有人疑惑:"她怎么这么大魅力?"其实答案很简单,她善于利用自己的特长制造暧昧,而暧昧是有蝴蝶效应的——吸引了一只蝴蝶,就能吸引第二只,再吸引第三只,慢慢地,暧昧就不再成了主要推动力。大多数正处在"猪"阶段的男人们,为了证明自己的实力也是自尊,必须采到这朵花。于是,演变公式如下:

发挥特长——暧昧多样——自尊竞争

并且不幸地告诉诸位男性读者,这种能力,是个女人都有——本能。

其实,每个女人都有吸引男人的地方,有容貌、有纯真(伪装也行)、有智慧、有能力、有性格……很多女性同胞都以为男人好色,容貌是第一位的,但是细究起来也不尽然。这个世界上不同类型的人有很多,不同的男人也有很多,每个男人都有自己那么一点不同的爱好。你要相信,只要你找到自己的特长,或者你找到他喜好的一些点,无论你伪装也罢真实表现也罢,你都可以获得部分男人的追求与欣赏。

把那点魅力巧妙地转移成男人自身自尊心的斗争,这几乎是每个女人的必杀技——身边围绕众多蝴蝶的女人,无不本能地深谙此道,利用男人本身的虚荣心和自尊心来得到男人,要比用自身魅力征服容易得多。

话题走到这,女人的品级就显露出来了:

下品女人早就觉醒了,把这个当做目的,需要的就是这样一种氛围和状态,这种女人往往除了很肤浅的东西(如容貌、身份、唱歌、跳舞等,总之是没灵魂没深度的那种),别无所长。她因为内心的空虚与浅薄,必须通过众多男人来证明自我的存在、自我的价值、自我的魅力……因此,她不会驻足在哪个男人身边长久,她除了外在,内心乏善可陈,只有这个了。

中品女人还没有觉醒,就像众多 MM 质问的那样:"我怎么没那么多男人追?"质问者中不乏非常漂亮、优秀的女孩,她们往往把这种没魅力归结为"天生没有男人缘",其实是因为还不懂得利用自身的优势去搞暧昧。即使有男人因为其长得好看,或者发现某种特长展开追求,因为不刻意去营造"男人缘",因此

也就谈不上暧昧之"蝴蝶效应"了。

上品女人,也即觉醒族,她会把"蝴蝶效应"当成手段,因此她会暂时把男人们聚集在自己身边,需要时,利用蝴蝶们的这份虚荣得到自己想要的。很有可能,那个人本来对她不怎么感冒,但当暂时的吸引凝聚周围时,男人开始注意了,斗志被激发出来了,最后,是女人把自己想要的这个抓在手里的时候了……

但是这也只是上品,真正的好女人,是极品。

这个世界上往往还有这样一种女人,身边似乎从来不曾围绕过众多男人,甚至追她的都很少,当然,她也不是不优秀,也不是不美丽,也并非不出色,只是,她让所有男人望而却步,她跟任何男人(除了自己心爱的人),都不曾暧昧,所有异性几乎都被她挡在暧昧之外。

这样的女人,是真正的强大。

女性在这个世界上,本来就是一种弱势存在,示弱、凸出自己的女性特长,是一种保护自我的本能,而往往这样一种女人,她灵魂强大到不需要外在的任何衬托,更不需要任何蝴蝶的衬托,她自身,就是全世界。

当然,她不是钢铁女战士,不想恋爱不想结婚,恰恰相反,这是因为她太重视和在乎爱情的纯真与美好,所以才不肯用任何混乱来亵渎,甚至技巧,她都不肯。如果上天有好运,爱,就是一切;如果遇人不淑,不爱,请在暧昧之前止步。

安妮宝贝说:"于人海中寻茫茫唯一知己,得之我幸,失之我命。"

61

很可惜,大多数男人还处在"猪"的阶段,真正的下品让他们反而认为是"好",真正的极品却使他们望而却步——这是因为从心底里,他们只是把女人当做"物"。

战利品是不需要有灵魂的,只要能装饰自己、满足虚荣,就足够,很少有男人想在这个世界里寻求地位平等的灵魂知己,如果找到,同胞们可千万别放过,这才是真正的好男人。

投降红尘

之所以纠结这点,是因为玄机的生存状态。按照笔者顺理的推断,即使因为某些虚荣的迷失,在她找到了一个爱人以后,是应该把周围这些蝴蝶赶走的,那为什么她还保持这种蝴蝶围绕的状态呢?

第一个结论是,她其实是个下品女人,没有灵魂,只靠这点魅力来证明。第二,她没有经济来源,想靠这些人接济。第三,她心理变态,不爱任何人,想玩弄报复男人。

显然,根据本系列的逻辑,都不能成立。

玄机如果只靠这点魅力,她就不是鱼玄机了。是的,我承认她的才名里有文人鼓吹的成分,但是在那"灼灼桃兼李,无妨国士寻"的气度里,绝对不会出自一个没有灵魂的女人之手。此外,她是有固定收入的,虽然不高也不是衣食皆仰于男人的娼妓。最后,我们这个系列从起点上否决了"报复男人"的推论,她

的灵魂，并不浅薄，她是有寄托有信仰的。

爱情，真爱，我始终相信是具有唯一性的，忠诚是第一底线，她也是认真对待爱情的。那又是为什么？

聪明的读者可能意识到了，她是不是像上品女人那样，利用男人的虚荣心，暂时凝聚一些蝴蝶，来激发自己所爱的斗志？

我承认，这方面的因素她是有的，但是如果鱼玄机到此止步，她也就只不过是一个小女人而已了。更重要的，还在后面。

她迷失，转身，为爱投降红尘，可是她没有抛弃蝴蝶围绕的生活方式，这并不是对于这个男人不贞，而是在这种平台之上，有一种更靠近灵魂的气息在蔓延。

女人是一种直觉的动物，她感觉到了，那种男女之间真正的平等、友情里纯真的温馨、爱情中热烈的美好的气息，她闻到了。

现在经常有 MM 开玩笑说："我相信爱情，但我不相信男人。"玄机亦然。

其实，一个人在某些重大时刻的转身，是先天内在决定的，我们很难说这种看似盲从的抉择是出于偶然，很多时候，它其实更出于这个人内心的基础动力。

当初，在玄机还是幼微的时候，也尝试过用正常的方式得到这种东西，那个时候出身娼门，如果想找个心灵伴侣只能做士子的姜室。她也曾热烈追求过，希望李亿能跟她一样看重灵魂，看重灵魂里的那份爱。

可是那也只是她的美好幻觉而已。李亿根本没把她放在平等的位置上，他是爱过她，作为美貌多才的心爱宝贝，但是那可

63

不是她的爱，什么灵魂之爱，对一个娼门女子，那是做梦。

后来，梦破碎了。走投无路之际投奔了道教，也曾心灰意冷，因此而获得清净快乐，其实更多的是抚慰伤口的一段疗养。当伤口结疤，道教又给予了她一个新的平台，无论是经济上的独立、宗教上的尊敬、交往里的自由以及士子们的尊崇，世界为她打开了另外一个面：她可以平等地跟男人交往，而不再受任何制约；她可以平等地跟他们谈经论道，而不再受人嘲笑；她可以平等地爱恋别人，而不再受人鄙视。她的诗句，比进士们还受推崇；她的言行，可以自由自在。这是做梦都没想到的事情，居然实现了——只能情不自禁地向前走去，再一次投入世俗。

64

强大站立

当玄机投入这个世界的时候，一向出身低微命运飘零的她，突然感觉到了自身地位与价值的飙升（被士人们推崇）——如果一个贵族出身的灵魂，也许就会理所当然地止步，而于玄机，则是一次刺激。

今年的小品新星"小沈阳"据说出身贫苦家庭，但往往这样的孩子一旦出来了，就会飙升地比其他所谓的"小品世家"快。为什么泥？因为从前给他的空间一直是压抑的、受限的，他需要付出比旁人更多的努力，而一旦空间突发性膨胀，他自身的天赋与灵气就会无限量地爆发出来。

同样是风流女冠，玉真公主跟玄机的心态就截然不同。在玉真的人生轨迹里，更多划痕着政治、权谋、尊贵……她不会想什么反抗男性，因为自己的尊荣都来自这个以男性为中心的社会，为什么要反抗？

玄机不同。

她受了卑微的苦处，又有一颗才华横溢的心，所以在风流女冠的这个空间里，她会膨胀地比那些贵族们更快、更尖锐。她内心渴望的那种自由平等意识，也比其他人更为迫切，只是，她本人也许还没意识到。

但她那么做了，像一个演戏过度的戏子，狂热地吸纳着这梦想所带来的一切……

肯定女性自身的生存能力：

恐向瑶池曾作女，谪来尘世未为男。文姬有貌终堪比，西子无言我更惭。一曲艳歌琴杳杳，四弦轻拨语喃喃。当台竞斗青丝发，对月争夸白玉簪。……阿母几嗔花下语，潘郎曾向梦中参。暂持清句魂犹断，若睹红颜死亦甘。怅望佳人何处在，行云归北又归南。

《光、威、裒姊妹三人少孤而始妍乃有是作…因次其韵》

虽然都是女孩子，虽然没有了父亲，但是你们有容貌、有才华、有能力，你们一点也不比男儿弱！

肯定女性的政治价值：

吴越相谋计策多，浣纱神女已相和。一双笑靥才回面，十万精兵尽倒戈。范蠡功成身隐遁，伍胥谏死国消磨。只今诸暨长江畔,空有青山号苎萝。

《浣纱庙》

单单一个西施,就可以让十万精兵尽倒戈,谁说女人只是玩物?

向男性兴趣转移:

何事能销旅馆愁,红笺开处见银钩。蓬山雨洒千峰小,嶰谷风吹万叶秋。字字朝看轻碧玉,篇篇夜诵在衾裯。欲将香匣收藏却,且惜时吟在手头。

《和友人次韵》

所谓"欲将香匣收藏却,且惜时吟在手头",不爱红妆爱读书,正是士子才有的兴趣……

做男性的同伴:

雁鱼空有信,鸡黍恨无期。闭户方笼月,褰帘已散丝。近泉鸣砌畔,远浪涨江湄。乡思悲秋客,愁吟五字诗。

《期友人阻雨不至》

等待朋友"巴山夜雨共剪烛",讲经论道把酒言欢,仿佛是他们中的一分子。

渴望得到男性的社会价值:

云峰满目放春晴,历历银钩指下生。自恨罗衣掩诗句,举头空羡榜中名。

《游崇真观南楼,睹新及第题名处》

渴望自己也能金榜题名,受到社会的肯定,因为自己的才情

比他们更强！

站在男性立场看待女性：

仙籍人间不久留，片时已过十经秋。鸳鸯帐下香犹暖，鹦鹉
笼中语未休。朝露缀花如脸恨，晚风欹柳似眉愁。彩云一去无
消息，潘岳多情欲白头。一枝月桂和烟秀，万树江桃带雨红。且
醉尊前休怅望，古来悲乐与今同。

《和新及第悼亡诗二首》

"鸳鸯帐下香犹暖，鹦鹉笼中语未休。"……"彩云一去无消
息，潘岳多情欲白头。"……那一字一句，如何出自一个曾为弃妇
的女子之口，明明是一种男人亡妻的悲伤之情。

在那样一个社会里，一个女性想获得真正的所谓平等，只能
像男人一样"活着"。

继续强大

现在的 MM 失恋了，我们常这么劝："没事，四条腿的蛤蟆
不好找，两条腿的男人还不有的是！"

这话要放在古代，借你一千个胆子也不敢说，因为这话违反
了封建社会对女性的基本界定，也违反了那个时代的情感逻辑。
所谓"士有百行，妇有四德"，在一个以男性为圆心、女性只是圆
周层的社会里，在一个以人对"物"为基础的伦理状态下，你敢这
么调唆一个"物"造反革命，真是大逆不道之极。

但是玄机这么做了。

在那个平等梦里越滑越远，终于，对一位失恋的邻家女孩发出了这样的呐喊：

羞日遮罗袖，愁春懒起妆。易求无价宝，难得有心郎。枕上潜垂泪，花间暗断肠。自能窥宋玉，何必恨王昌。

《赠邻女》

我相信，这是她的得意之作。

她跟那个李员外的感情并不长久，很快断裂以后没有像李亿时那样的痛苦不堪，而是又找到了新的爱人。她突然觉得，她再也不必像一般女性那样，当面临爱情或婚姻的变故时表现出无限的哀怨、幻想；破灭之后，又往往归咎于命运，陷于宿命论、禁欲主义或苦行主义以求解脱，所谓"逆来顺受"、"柔和贞顺"——原来，自己也可以跟男人一样，去爱。

尽管她自己也不知道这是一种什么样的觉醒，但是凭借本能，她感到了一种惊喜，一种释放，一种快乐。"自能窥宋玉，何必恨王昌"——这可不是淫荡声明，而是一颗暂时独立了的灵魂，突然站在了圆心后的得意洋洋。

她可以挑男人，而不再是男人挑她。

并且，她不是娼妓，她不靠男人养活。这是梦吗？

也许不是梦！于是，玄机带着那激情洋溢的才情与锐气，滑出了正常轨道，滑出了地球，滑向了越来越远的地方。

她主动向自己中意的男性发起进攻：

68

一首诗来百度吟，新情字字又声金。西看已有登垣意，远望能无化石心。河汉期赊空极目，潇湘梦断罢调琴。况逢寒节添乡思，叔夜佳醪莫独斟。

《次韵西邻新居兼乞酒》

从前连看都不敢看的那些高贵的男人（士子、进士），现在，终于可以大方地向他们表白了，因为那么多男人仰慕自己，不是吗？如果他愿意接受自己的一片神情，自己可以为他守候一生。

"西看已有登垣意。"

宋玉的《登徒子好色赋》是"东家邻女"登墙而望的爱恋，是"远望能无化石心"的执著，如果他愿意。

甚至，她大胆地表示出自己成双成对的那份情爱：

无限荷香染暑衣，阮郎何处弄船归。自惭不及鸳鸯侣，犹得双双近钓矶。

《闻李端公垂钓回寄赠》

希望能结成鸳鸯侣，希望能比翼双飞……

或者，对偶然有情者表示惊喜：

闲居作赋几年愁，王屋山前是旧游。诗咏东西千嶂乱，马随南北一泉流。曾陪雨夜同欢席，别后花时独上楼。忽喜扣门传语至，为怜邻巷小房幽。相如琴罢朱弦断，双燕巢分白露秋。莫倦蓬门时一访，每春忙在曲江头。

《左名场自泽州至京，使人传语》

有个男人还记得她，远游之际还惦记着给她捎信，这让她感动又惊喜……

间或失落

但是不知为什么，欢爱过后，更多的是凄凉。

自叹多情是足愁，况当风月满庭秋。洞房偏与更声近，夜夜灯前欲白头。

《秋怨》

深秋的夜晚，西风扫过庭院的落叶，白日的一切喧嚣归于沉寂，只剩下冰冷的秋月。在这样冰冷寂寞的夜里，隔壁洞房传来欢声笑语，伴随着凄凉而冗长的打更声，更显得自己的凄凉无依，真想让时间快快过去，让自己早早白头⋯⋯

蘼芜盈手泣斜晖，闻道邻家夫婿归。别日南鸿才北去，今朝北雁又南飞。春来秋去相思在，秋去春来信息稀。扃闭朱门人不到，砧声何事透罗帏。

《闺怨》

隔壁人家女儿正期盼夫婿，夫婿果然回家了，而自己的"夫婿"呢？只留下一个孤孤单单的身影，"扃闭朱门人不到，砧声何事透罗帏"⋯⋯

焚香登玉坛，端简礼金阙。明月照幽隙，清风开短襟。绮陌春望远，瑶徽春兴多。殷勤不得语，红泪一双流。云情自郁争同梦，仙貌长芳又胜花。

《句》

自己美貌如花又如何？那个心爱的情郎身边的诱惑太多了，盼望了那么久，直到面对时，不过"殷勤不得语，红泪一双流"罢了。

是的，在那个梦里，玄机有反抗，有潇洒，有决然，但是更多的是喧嚣过后的凄凉。男人，毕竟还是属于别人的，他们终究要回归尘世，回归他们的家。那么多，不过露水姻缘，她知道，也不能不知道。

其实，像她这样的人，"老大嫁作商人妇"也很容易——随便找一个有钱的商人做妾甚至做妻都不难，只是她渴望的，是真心真意的心灵相通，而那些跟她心灵相同（貌似）的男人们，又不可能娶她。

这个梦，看似繁花似锦、绚烂无比，她也曾得意快乐，只是，为什么需用这么多凄凉来铺垫？

记得希腊神话中有一位国王，叫做坦塔罗斯，他偷了天神的宠物金狗，又偷走神的食物和酒送给凡人，并杀子以肴献于神，最后终于惹得天神宙斯将他投入了地狱河。在那里，他受到了残忍的惩罚：眼前虽然有水和果子，但当他想喝水时，水就往身边留走了，当他想吃果子时，果子就会离他而去……

人最可怕的境遇，不是得不到，而是看得到却得不到。

玄机看到的是士子们把她当朋友，当爱人，当"人"；但她不明白，那些口口声声爱她宠她的男人，为什么又不肯娶她，不肯为她留恋？哪怕是朋友，也皆成过客。

他们永远如烟花灿烂，却又似流星而过，永远是得不到的。

难道，这真的只能是个梦？

然后焦虑

内在渴望而不得,外在还有惯性思维的传统压力。

于是有了鸟笼效应:如果挂一个漂亮的鸟笼在房间最显眼的地方,过不了几天,主人一定会做出下面两个选择之一:把鸟笼扔掉,或者买一只鸟回来放在鸟笼里。因为,只要有人走进房间,看到鸟笼,就会忍不住问你:"鸟呢? 是不是死了?"当你回答:"我从来都没有养过鸟。"人们会问:"那么,你要一个鸟笼干什么?"最后你不得不在两个选择中二选一,因为这比无休止的解释要容易得多。

人们绝大部分时候采取的是惯性思维。

我总觉得,人这一辈子如果想活得安稳些,千万别试图碰触社会规范的雷区。一旦你选择与人们的惯性思维背道而驰,那你每天面临的将是鸟笼主人式的解释,而且是无休止的解释。

更不幸的是,如果你也是个正常人,这种惯性思维早已内化到你的道德准则里了,悬挂那个鸟笼只不过是偶然一次的冒失而已,那么恭喜,又一个心理地狱诞生了。

因为,一个人也许能抵抗住外在的压力与痛苦,却很难抵抗住自我的谴责与斗争。处在这种心态下的人,舍不得漂亮鸟笼带来的暂时快乐,又无法说服自己超脱从小就养成的惯性思维,结果只能趋向于"变态"——有的人反向攻击他者,有的人变相

自我惩罚,有的人则急切地去寻找救赎(小三的疯狂就是从这里来的,越是生长于传统的人,爱情的诱惑与自幼的教养之间的撕扯越重,挣扎得越失衡,疯狂得也越厉害)。

正如前文所言,玄机的这种生活方式为社会风气所不容,虽然继续走了下去,但不得不说,她的内心还是焦虑的。她饱读诗书,知道什么叫礼义廉耻,这个平台,招引的是知己,但更多的是不三不四的蜂蝶。

恨寄朱弦上,含情意不任。早知云雨会,未起蕙兰心。灼灼桃兼李,无妨国士寻。苍苍松与桂,仍羡世人钦。月色苔阶净,歌声竹院深。门前红叶地,不扫待知音。

《感怀寄人》

她想解释。

她想跟懂她的人说,自己并不是滥交,而是"灼灼桃兼李,无妨国士寻",而是"门前红叶地,不扫待知音"。她是认真的,那个感觉,那种境地,她是认真投入了的。她不是一个娼妓,一个滥交的女人,她解释给别人听,也在解释给自己听。

但是在别人眼里呢?

然蕙兰弱质,不能自持,复为豪侠所调,乃从游处焉。于是风流之士争修饰以求狎,或载酒诣之者,必鸣琴赋诗,间以谑浪,懵学辈自视缺然。

《三水小牍》

不过一个不能安心修道的放荡女道士而已。

试图清醒

人都是遵循快乐原则的动物,当外在舆论内化成越来越严重的道德焦虑时,当追求幻灭的爱情游戏不断循环时,得不到的空虚与极度的不安全感,曾经让玄机试图退回……

住处虽同巷,经年不一过。清词劝旧女,香桂折新柯。道性欺冰雪,禅心笑绮罗。迹登霄汉上,无路接烟波。

《酬李郢夏日钓鱼回见示》

那个男人不知道什么缘故,拒绝了她的情爱,当再转头想重修旧好的时候,她用"道心"拒绝了——"道性欺冰雪,禅心笑绮罗。迹登霄汉上,无路接烟波。"

这种拒绝,也许是来源于一个小女人的自尊心,但更多的是一颗灵魂进退不能的哀求。她想回头,想回到曾经清净快乐、不爱不恨的境地。

喧喧朱紫杂人寰,独自清吟日色间。何事玉郎搜藻思,忽将琼韵扣柴关。白花发咏惭称谢,僻巷深居谬学颜。不用多情欲相见,松萝高处是前山。

《和人次韵》

那么多男人曾夸她美貌,她却说"白花发咏惭称谢"。

那么多男人曾夸她多彩,她却说"僻巷深居谬学颜"。

对于前仆后继追求的人，她说"不用多情欲相见，松萝高处是前山"。

她想拒绝，想回头，想恢复，想扭转。

可惜，回不去了。

风流女冠就是风流女冠，世人早已把她看成娼妓，而她自己，也回不去了，因为习惯了。

一旦习惯某种生活方式，某种生活态度，尤其是镶嵌着浮华的那种，人，是很难改变的。堕落了的人很难再回头，因为，本来已经一无所有，在抛弃社会规范与道德良心之后，也只剩那点浮华的慰藉还能让他们觉得一丝温暖，如果连这个也要失去，他们害怕，也不敢。

当然，也总有这样一部分人，尽管命运很残酷，尽管人性很脆弱，尽管一无所有很可怕，但他们依然站立，敢于面对自己恶根心理的邪妄与血淋淋的创口。正如鲁迅先生所言：真正的勇士，敢于直面惨淡的人生。

可惜，玄机不是。

在转身的那个时刻，宗教所给予的清净与社会所应有的规范便已彻底消解。既然已经成为风流女冠，那么，无论是跟哪个男人爱或是不爱，都不可能再回头了。

大爆破处

所谓"为君一日欢,拼将一生休",已经沦为名声扫地的风流女冠,就再也回不去了。玄机,已经一无所有。

所谓"萧萧风雨夜,惊梦复添愁",没有人肯娶她,所有恩爱都那么短暂,她永远看得到,却得不到……玄机已经走投无路。

一无所有,并走投无路,这个时候,唯一的安慰是明知瞬息的那一次次爱恋——本来就活在地狱里的人能支持下去的,只剩下这个了。

有时候,一种东西,在日常来看无足轻重,但是在非常状态下却能致命。

安娜卡列尼娜在跟情人私奔以后,平时宽厚温柔端庄的她竟也草木皆惊,紧紧盯着情人,恨不得把他绑在自己身边(这种紧张关系也是导致他们崩溃的原因),因为在抛弃一切的状态下,她只剩下这个了,如果连这个都失去,她将一无所有。

玄机也许并不明白男人们为什么只爱她而不娶她,也并不明白自己这么贪恋这种状态,只是那个曾经让她爆发强者意识(平等自由)的平台,那些曾经吸引她转身、给予她强烈满足与快乐的东西,在经历一次次恩爱失败之后,在幻灭失望与道德焦虑下,已经成为心理炼狱。

可是,她还挣扎地活着,本能地紧紧抓住,无论是作为回忆

还是作为寄托，因为她只剩下这个了。

但就是因为这个，最后要了她的命。

她杀死了自己的婢女——绿翘。

那天，她被人邀请出游，嘱咐自己的婢女绿翘："如果有熟悉的客人到访，告诉他我在哪里。"结果她被女伴所留，到第二天傍晚才回来。绿翘告诉她："有一个男人来访，但是知道您不在，门都没开就走了。"那个男人，正是玄机的新欢。

她疑心了。

那个男人如果知道她在哪里，应该去找她的，可是，他没有。

那么答案只有两种：一、那个男人跟其他男人一样，对她也只是玩玩罢了，不会认真到专程去找她的地步；二、绿翘勾引了那个男人，让他分身不暇。

你让玄机选哪种？

其实，我一直怀疑这段情节，很多版本里都在大肆宣扬她的变态和狠毒，或者稍微好一点的，说玄机嫉妒绿翘的年轻，独占欲又强，因此杀了这个婢女。

不是的，我想。玄机不是一个小女人。

绿翘已经说明跟那个男人无染："自执巾盥数年，实自检御，不令有似是之过，致忤尊意。且某客至，款扉，翘隔阖报云：'炼师不在。'客无言，策马而去，若云情爱，不蓄于胸襟有年矣，幸炼师无疑。"

这些话有理有据，一般人听了也就不再怀疑，可是玄机却

"愈怒,裸而笞百数"。她其实是想逼这个女孩承认她偷了她的男人,因为她不想面对一个现实——那个男人又是逢场作戏而已。

她希望有个人陪着自己,一起堕落。

可是绿翘的回答事与愿违:"炼师欲求三清长生之道,而未能忘解佩荐枕之欢。反以沈猜,厚诬贞正,翘今必死于毒手矣。无天则无所诉;若有,谁能抑我彊魂?誓不蠢蠢于冥莫之中,纵尔淫佚!"

她点中了玄机的死穴。

她说她"未能忘解佩荐枕之欢",说她"淫佚"。从前也就是有人背后说她放荡,她跟很多人解释过,可是谁能超越当时的社会风范?连她自己,都无法解释给自己听。

明知瞬息的爱恋幻灭、内心积累的道德焦虑、一无所有并走投无路的绝望挣扎,突然在这一刻爆发了。

她杀了那个女孩。

晕头转向

每个犯罪的人,第一反应,是逃避。

玄机第一次杀人,清醒过来,她慌了。无论怎么讲,她都不想马上就失去现有的一切,于是那个女孩被埋了起来。

来往的客人不断问："绿翘去哪里了？"

她从容地回答："私逃了，我也不知道。"

于是有人开始议论，有人看见了尸体吸引出来的清蝇——这位风流女冠，大约是坊里出了名的明星人物，风吹草动就带着众多势利眼，莫名其妙失去了一个婢女，自然引起无数男人绿油油的 YY。这个时候，有人站了出来。

历史，某些时候就是一场闹剧，玄机的敌人竟是个街卒。

这种人本来属于黑白通吃、到处收保护费的类型，玄机作为一个女冠，地位并不是那么高，又有些富贵士子们串门子，不免让人眼红心痒。如果只是心痒也就罢了，关键是这个女人出了家还这么不正经，一个"有伤风化"的罪名给他壮了胆，于是，敲诈。

玄机没给。

这种小人，怎么配理会？难不成真以为自己是娼妓？

玄机是不会给的。

于是闹剧产生。绿翘失踪传到了街卒的耳朵里，这个男人正要寻玄机的晦气，这，真是个好借口。无论事实如何，去搜一下那个风流道观也能多少捞些吧？（从这个角度看，玄机的社会地位并不高。）

他带着几个兄弟去了，本来是想闹事威胁一番的，结果钱没看到，却发现了"人"。

原来是场命案。无奈何，玄机下狱。

历史是场闹剧,很多知识分子经常悲悯地看到小人物的辛酸,却忽略了市民阶层那处处可见的龌龊,而在这些历史的缝隙里,龌龊往往就是转向的动因。

玄机求死

　　判决,秋后处斩。

　　其实,玄机不该死。

　　按照唐律,主人杀奴婢可以减罪四等,故意杀奴婢仅处徒刑一年,过失杀奴婢无罪。而奴婢殴伤主人,即使是过失伤主,也要被处以绞刑。

　　部曲奴婢为主隐,皆勿伦。疏议曰:"部曲奴婢,主不为隐,听为主隐,非谋叛以上,并不坐。""诸部曲、奴婢告主,非谋反,逆叛者,皆绞。"除"十恶"罪外,奴婢不许告主。否则处以绞刑。

《唐律疏议》

　　绿翘,不过一个婢女而已。

　　有人说,那是玄机倒霉,碰见了厉害的京兆府尹——温璋。相传,这位京兆府尹十分严酷,正史亦称其"性黩货敢杀,人亦畏其严残",于是很多人想,玄机落在这种人手里,不死还不丢半条命?但是我们不要忘记这一点,温璋的严酷不过杀人求名,吓唬百姓而已;史称其"黩货"也只是说明这个人很贪婪,而一个贪婪的人,是会按照情理而不是法理办事的。

玄机出事后，"朝士多为言者"，结交的那些进士士子们也有做官的；她本身也应该不缺钱，这些年来来往往，相好的贴补甚多，连街卒都想打她的主意（借钱）；主人杀婢，又律不至死；更何况唐朝道教管理制度规定，道士、女冠犯罪须"准道格处分，所由州县官不得擅行决罚"。因此，温璋罚她，很正常，杀她，没有理由。

于是，结论指到了另外一个方向。

玄机求死。

如此而已

当人处在可怕的撕扯状态时，内心的矛盾和焦虑会让其淘汰理性，于是疯狂开始蔓延；而当顶点的积累终于爆发时，理性又会突然降临。

玄机当初，因为爱情的诱惑偏离了正轨，又因为那个梦的快乐而执意走了下去。也许，灵魂是真正受到了几丝安慰，只是为什么这么短暂？一次次恩爱幻灭，聚散无常，最常态的永远是看得到却得不到……她挣扎着，困惑着，撕扯着，她想弄明白为什么，想知道怎么办，直到绿翘死亡的爆发。

她突然平静了。

一切都结束了，终于结束了。

那个梦，其实本来就是她的幻觉而已。

男人(她想要的)是不可能娶她的。尽管，他们真诚爱过她。

试想，那些有才有貌的读书人娶了仕途妻子以后，每天回家都得看着贵气冲天的黄脸婆，还要小心谨慎，唯恐得罪女家权势，那会是种什么心态？没有爱情，也算是中晚唐冶游之风盛行的原因之一，但总要给人一条出路吧——多余的情欲情爱需要发泄。

发泄到哪里呢？

要么是顶礼膜拜(仙子)，要么是欲望满足(娼妓)。

娼妓，大多是给士子们发泄情欲的，但是士子们并不满足。因为，她们虽然有才有貌有风情，可衣食皆仰于他人，自然人格上不平等，伪装的可能性比较大。

为了避免单纯情欲的"难堪"，他们的目标转向了另外一种——女冠，尤其是有才有貌的风流女冠，如玄机。人，都是有感情的，读书人，还有灵魂。那些方外仙子们容貌艳丽是其一，更重要的是有才华，精神上能沟通，人格上又不像娼妓那么卑微，他们自然非常喜欢。并且，仙女们都修行长生不老，具有过人的仙术与才能，身上能寄托他们出世的梦想，能让他们在现实的痛苦里得到方外的喘息——不可否认，冲着这一点，他们可能真的很喜欢，或者爱过玄机。

但是，现实就是现实——他们是士子，从小饱受儒家传统思想的浸染，所谓"学而优则仕"，所谓"修身治国平天下"，是他们一生的抱负和理想；而随着唐朝科举制度的普及，也正为这些士子们提供了实现抱负的可能性，一旦金榜题名，不仅理想得以实现，政治与社会地位也能获得保障。面对这样的诱惑，他们肯放

弃那些门第贵女而娶仙子吗？

中国是一个宗族社会，在当时封建家长制的社会规范下，风流女冠可没什么好名声。娶一个女道士回家？连玄机自己内心都不认同，更何况这些饱读四书五经的士子？

还有一个更为诡异的原因：男人隐秘的独占心理。还不知道你经过几人的手呢！这个女人这么随便跟我交往，跟其他男人想必也是如此——他们不愿。

最后一个也是最为重要的原因：玄机为什么那么迷恋这个梦？那是因为在道教的起点中，她可以独立而平等地跟男人交往。道教是很尊重女性的。因此，在方外世界里，情爱的构成关系是平等的，是不附着任何功利代价的，是封建的以男权为中心的世俗社会里永远不可能出现的。而恰恰就是因为这种理想的情爱关系，又是现实最不能接受的——回到世俗、回到现实，男人还是这个社会的主导，是一个宗族的族长，是一个家庭的主人，你让他把这段所谓"平等"的灵魂爱情往哪里搁？

因此，与玄机的感情，他们作为"人"，非常渴望（他们也渴望那种平等知音式的爱情）；但是作为那个社会的士子，一个功利主义的男权世界的一分子，他们不敢，也不愿。这就是为什么玄机永远只能看得到，却得不到。因为，那些男人们早早就把他们的那些爱，在道观门外止步了——寄托梦想而已，认真游戏而已，回到现实社会，该怎么过还是怎么过。回忆起来，"当时已惘然"罢了。

玄机知道吗？

不知道。

她虽然有超越的觉悟，却不具备觉醒的理性。按照当时的社会经历以及思维水平，她永远无法明白。

只是幸运的是，她平静了。

在狱中，她写下这样的诗句："明月照幽隙，清风开短襟。"明月清风里，她看到了自己的孤魂，死亡，已经扫清那所有被欲望凸出的黑暗处，只剩下了平静，如此珍贵的平静。于是，命运划出了又一个荒谬的轮回——也许只有在这腥臭杂乱的监狱里，鱼玄机才成为真正的鱼玄机。

《楚门的世界》里的男主角，从小到大一直生活在一座叫桃源岛的小城（实际上是一座巨大的摄影棚）里，过着与常人完全相同的生活，而其实，这是部真人生活秀，他的妻子和朋友在内的所有人，都是《楚门的世界》的演员，只有楚门一个人不知道。

"人世悲欢一梦，如何得作双成。"——大家都在梦里做游戏，只有"觉醒"过的玄机当真了。

如此而已。

君子心语：

　　她曾经相信过爱情，于是被忽悠；她曾经相信过宗教，于是被欺骗；她曾经相信过男人，于是被抛弃。等级森严的封建男权之下，哪有属于觉醒女人的自由天堂？她这一生，太认真。

宋若昭姐妹,生于唐代中期的平民家庭,父亲宋廷棻是个以教书为生的儒生。宋氏姐妹五个,长女宋若莘,次女宋若昭,后面依次为宋若伦、宋若宪、宋若荀,皆聪慧过人,文采斐然,因为家庭窘迫,她们立志不婚,想通过自己的才学来支撑家族。后来其事迹被当时地方官李抱真所闻,感于孝义而上奏朝廷,唐德宗大喜,召姐妹三个(其时三妹五妹已病死)进宫,让她们担任后妃宫女们的教师,于是,三个“灰姑娘”一跃成为宫廷贵人,彻底实现加入豪门的“公主梦”。入宫之后,她们的命运却各不相同,当时恰逢唐朝最诡谲云涌的六朝迭变,大姐若莘因涉及感情问题而早亡,四妹若宪因涉及权力争斗而被唐文宗赐死;只有二妹若昭,自始至终保持着清醒与独立,坚持袖手旁观于芸芸众生的人情富贵,最终获得所有人的尊敬,生死哀荣,完整、安全地走完了一生。

宋若昭姐妹：灰姑娘、灰姑娘

一定要"灰"——困窘

每个女人都爱做梦。

灰姑娘仅穿上舞鞋,就让痴情的王子万里觅芳踪;倔强平凡的杉菜只是凌空一脚,就使英俊富贵又冷酷的道明寺如痴如狂;丑女贝蒂不过认真能干,就抱得美男归家;历史尤其清史都快被言情穿越成筛子了,仍引无数 MM 竞折腰。

梦里的男主角性情大部分不好,如果体检都该去精神科复查,但是他们皆非富即贵,能给予你想要的浮华生活与体面,并且更为致命的是,这个男人还莫名其妙地对你一往情深、生死不改——这个关节往往最显作者功力。对此,有的干脆不解释,有的写因为女主角或美貌、或聪明(穿越过来的)、或有个性……总之,必然在某个方面凸出一些,正好对了这个男人的胃口。于是,言情戏敲锣开幕……

但是,梦就是梦,陷阱就在于这个男人凭什么会爱上你?而你,又爱这个男人什么?

灰姑娘的背景,是一定要困窘的。(要不"灰"从哪里来?)

生于中唐时期一个平民家庭的姐妹五个(三妹五妹早卒),父亲宋廷棻是个没有功名的儒士,别无所长只能教书为业,她们先学经艺后学诗赋,不过很普通的民间女子。按照正常发展,似乎找个好人家,改善一下生活处境,应该也会拥有不错的幸福。

可是走不通。试想，能让这些读书识字的女孩子幸福的男人应该是怎样的类型？

只能是士子，可惜，士子们是不会娶她们的。那个时候，门名望族之女才是士子们 YY 里的婚姻女主角，娶了门名女跟现在娶了明星一样光荣且时尚。更重要的是，门名女能带来实利，科举制度为普通人打开的那个缺口，是需要婚姻来填补的——娶了那些贵族女子，连亲带故受到官场提携……

唐朝士子们又没经过马克思主义教育，更没受到西方"人道主义"启发，觉悟不高，功利心重，因此绝对不会抱以"爱情无敌"的心态，去娶一个普通的平民女子。未获功名之前，"单身"生活珍贵得很，当然也有个别傻子早早娶了妻，面临仕途选择的时候就犯难了，考验人性的结果是犯重婚罪 or 杀妻再娶。唐朝重婚也是犯罪，杀妻也要判刑，想想都不划算。

当然，姑娘们面前还有第二个选择：官僚，嫁入官僚家庭，说不定能平步青云，过着让人羡慕的贤妇生活。

可是，也走不通。

当时法律规定，官民不能通婚。唐《户婚律》"监临娶所监临女"条曰："诸监临之官，娶所监临女为妾者，杖一百；若为亲属娶者，亦如之。其在官非监临者，减一等。女家不坐。"疏议曰："'监临之官'，谓职当临统案验者，娶所部人女为妾者，杖一百……"。

监临官，就是州、县、镇、戍、折冲府等判官以上；在官非监临者，指非州、县、镇、戍、折冲府判官以上，诸州参军事及小录事。与所部不得常为监临者。又所谓部人，是指士庶。因此翻译过来就是说,任官者不能与百姓女为婚,且禁止与部属女通婚。

那既然知音不成,富贵难享,平平淡淡找个好人家总行吧?

也不行,因为没钱。

唐代社会中的三个层次(贱民阶层、百姓阶层和官员阶层)基本都以阶层内婚为主,而平民的婚姻观念是,择婿重才和重未来发展,娶妇则重德、重财。

宋家有五个女儿,光备嫁妆也得让父亲吐血,你嫁谁去?

一定要"灰"——琐屑

那么,随随便便嫁一个普通人家如何?

我们的女主角们不答应。

因为按照她们的自我要求,以后的生活就成了如下所示(参考长姐宋若莘模仿孔子写过的一部《女论语》):

勤做女工。

凡为女子,须学女工。纫麻缉苧,粗细不同。车机纺织,切勿匆匆。看蚕煮茧,晓夜相从。采桑摘拓,看雨占风。浑湿即替,寒冷须烘。取叶饲食,必得其中。取丝经纬,丈尺成工。轻纱下轴,细布入筒。绸绢苎葛,织造重重。亦可货卖,亦可自缝。刺鞋作袜,引线绣绒。缝联补缀,百事皆通。能依此语,寒冷从容。衣不愁破,家不愁穷。莫学懒妇,积小痴慵。不贪女务,不

计春秋。针线粗率，为人所攻。嫁为人妇，耻辱门庭。衣裳破损，牵西遮东。遭人指点，耻笑乡中。奉劝女子，听取言中。

古代老百姓的衣服可不是买来的，女孩子没有逛街买衣服这一享受，大部分都是靠小农家庭自家生产，至今我们还可见很多年长的老人家精致细密的针线活。《女论语》上记载的整个女工过程，快成生产衣服的小作坊了，从养蚕、抽丝、纺织、成衣，样样亲自动手，而且文章用朴素的语言警戒大部分懒惰的妇女——"遭人指点，耻笑乡中"。

行动守礼。

凡为女子，当知礼数。女客相过，安排坐具。整顿衣裳，轻行缓步。敛手低声，请过庭户。问候通时，从头称叙。答问殷勤，轻言细语。备办茶汤，迎来递去。莫学他人，抬身不顾。接见依稀，有相欺侮。如到人家，当知女务。相见传茶，即通事故。说罢起身，再三辞去。主人相留，相筵待遇。酒略沾唇，食无义箸。退盏辞壶，过承推拒。莫学他人，呼汤呷醋。醉后颠狂，招人怨恶。当在家庭，少游道路。生面相逢，低头看顾。莫学他人，不知朝暮。走遍乡村，说三道四。引惹恶声，多招骂怒。辱贱门风，连累父母。损破自身，供他笑具。如此之人，有如犬鼠。

会招呼客人，交际有礼，安守本分，否则就"引惹恶声，多招骂怒。辱贱门风，连累父母"。

早起劳作。

凡为女子，习以为常。五更鸡唱，起着衣裳。盥漱已了，随意梳妆。拣柴烧火，早下厨房。摩锅洗镬，煮水煎汤。随家丰俭，蒸煮食尝。安排蔬菜，炮豉春姜。随时下料，甜淡馨香。整齐碗碟,铺设分张。三餐饱食,朝暮相当,莫学懒妇,不解思量。日高三丈,犹未离床。起来已晏,却是惭惶。未曾梳洗,突入厨房。容颜齷齪,手脚慌忙。煎茶煮饭,不及时常。又有一等,哺缀争尝,未曾炮馔,先已偷藏。丑呈乡里,辱及爷娘。被人传说,岂不羞惶。

五更就要起床把饭做好,把自己收拾好,否则就"丑呈乡里,辱及爷娘"。

对自己的父母:

女子在堂,敬重爹娘。每朝早起,先问安康。寒则烘火,热则扇凉。饥则进食,渴则进汤。父母检责,不得慌忙。

对自己的公婆:

如有使令,听其嘱咐。姑坐则立,使令便去。早起开门,莫令惊忤。洒扫庭堂,洗濯巾布。齿药肥皂,温凉得所,退步阶前,待其浣洗。万福一声,即时退步。整办茶盘,安排匙箸。香洁茶汤,小心敬递。饭则软蒸,肉则熟煮。

对自己的丈夫:

夫有言语,侧耳详听,夫有恶事,劝谏谆谆。莫学愚妇,惹祸临身。夫若外出,须记途程。黄昏未返,瞻望相寻,停灯温饭,等候敲门,莫学懒妇,先自安身。夫如有病,终日劳心。多方问药,遍处求神。百般治疗,愿得长生。莫学蠢妇,全不忧心。

对自己的儿女:

年已长成,教之有序,训诲之权,亦在于母。男人书堂,请延师傅。习学礼义,吟诗作赋,尊敬师儒,束脩酒脯。女处闺门,少

令出户。唤来便来，唤去便去。

对自己的家庭开支：

营家之女，唯俭唯勤。勤则家起，懒则家倾，俭则家富，奢则家贫。凡为女子，不可因循。一生之计，唯在于勤。一年之计，唯在于春。一日之计，唯在于寅。奉箕拥帚，洒扫秽尘。撮除邋遢，洁静幽清。

总结一下，这个平民里的"贤妇"一天是这样度过的：每天五更起床，去厨房做好饭，清洁卫生，进行纺织，孝敬老人，照顾丈夫，料理家务，计算开支，勤谨持家……

一句话，忙死你。

速成秘诀——变性

如果你是宋家的姐妹，你的幼弟根本不成器无法光宗耀祖，你家的财力无法筹备那么多女儿的嫁妆，即使你嫁了也好不到哪里去（如果想做贤妇的话），那你会怎么做？

无知无识的一般女子也就听从命运的安排，匆匆忙忙走过此生，而我们的灰姑娘们却心气高傲得很——杉菜的初恋对象可是四大家族之一的花泽类公子，正宗美国灰姑娘还想去参加王子选妃的舞会上，就连贝蒂，都看不上身边那个不错的小伙子，眼睛一直劲儿往上长——你以为灰姑娘那么容易当？

但是只有心气高不管用，梦谁都会做，关键是怎么做。

宋家的大姐、二姐想出了比较雷人的办法：既然宋家没有人来光宗耀祖，那么就由她们来承担这个家族的责任。只是，那个时代显名扬亲的只能是儿子，而如果要像个男人那样去生活，只有终身不嫁——"尝白父母，誓不从人，愿以艺学扬名显亲。"

因此，灰姑娘速成法秘诀一：变"性"。

你必须内心转"性"，才会具备被王子看上的可能。近千年来都是男权社会，男性占有更多的资源和优势，如果你仅仅启用自己的女性特征（美色），有可能间接拥有那些资源，但是既然是"灰姑娘"，女性特有的优势资源（美色）自然不在其列，或者也未必被这个男权社会看中，因为美女太多了，不缺你一个。那么，靠什么上位？

变成这个社会的强势性别——男人。

当杉菜生活在那个学院的时候，她是安于自己的角色的，只是基于义愤（男性独有）才会踢道明寺那一脚，并且，F4 的霸道，让她不得不走上一条完全男性化的道路——反抗所有学生的欺负与欺辱（这是作为"柔顺"、"柔弱"的女性所不能具备的）。而她之所以深入人心，道明寺之所以对她一往情深，可不是因为她长得貌美如花倾国倾城，而是这位平凡的小姑娘不靠道明寺养活，甚至不靠父母养活，自己养活自己。尽管贫穷、窘迫，但是却迎合新时代的品格期待：独立、坚强、勇敢、正直——这是男权社会对于男性才具有的要求。

丑女贝蒂因为面容的丑陋，几乎已经被公司的那个男主踢出了女性世界的范围，但是在被迫选择男性化生存以后，作为一名出色的财务总监，她做得很出色、很到位，成为公司以及总经理不可缺少的伙伴……

灰姑娘，只有内心变成这个社会的优势性别（男性），才会跟这个社会的男人们平起平坐，这些男人才不会俯视你。而当他们能用平等的眼光去审视你时，你的缺陷（女性特征）才会被无偿忽略，而你的特点，也才会因为平等而凸显。

一个人，如果连自己都不爱，又怎么让别人爱？

同样，灰姑娘们，如果连你们自己都不是强者，又怎么能征服强者？

或许有人会提出疑问：不是男人都喜欢征服女人吗？我以女性特征（弱者）柔化之，不行吗？

行是行，可关键是，那是属于"金姑娘"们的事儿，人家有出身、有相貌、有优势资源，可你是"灰"的呀，女性特征起码在当时并不凸出。而更重要的是，根据人性的贱性本能，以弱者（女性特征）征服来的，是鄙视，以强者（男性化）征服来的，是尊敬。

你选择哪个？

速成秘诀——会变

灰姑娘能变"性"，这是前提，但是一个更重要的条件是要"会"变。人家王子需要的强者类型可是随着时代不断变换的，你必须根据当时当地的社会环境与风俗来"变身",否则还没等遇到王子就被当成怪物人道地毁灭了。

那么,宋氏姐妹们当地的风俗是什么呢?

"父权社会",而非"夫权社会"——老爸比老公更重要。

提问:你会不会为报父仇而舍弃贞洁?

现代女性回答:"……也许,但是,不是有法律吗?"

宋元明清女性回答:"当然不会,贞洁最重要。"

唐朝的女性则会回答:"当然会,父仇不报,焉为人耶?"

《义激》记载唐朝有一个女子因为父亲被杀,潜伏京城,处心积虑地求报父仇,为避人耳目一度嫁人生子。复仇后,她又在"杀其子,捐其夫"后远走高飞。丈夫、儿子和婚姻都只是她报父仇的工具。

谢小娥本是唐朝豫章人,父亲为拥有巨资的商人,嫁于段居贞。段、谢两家在江上遭到强盗的截杀,数十口人被杀,仅有小娥一人在掉入江中后被人救起。从此,她立志报此血海深仇。在得知仇人是申兰、申春俩堂兄弟后,她男扮女装潜入仇人家中,亲手杀死了申兰,并将申春送入了衙门。

同样是为父报仇的奇女子,但在后代的流传里,前者被埋没甚至被谴责,而后者却被称扬抬高。原因很简单,女子的贞洁是归老公所有的,是夫权的一部分,你牺牲夫权来成全父权,在转型的唐朝还可得到称赞,但是在已经"变型"成夫权社会(老公大于老爹)的后代,父仇不报不要紧,但是贞洁万万不能失(夫权)。

唐朝，正处于这样一种"父权社会"的伦理风俗下，宋氏姐妹的"变身"，迎合了当时社会对女性的心理期待：孝义——在宋家无人光宗耀祖、在嫁人无处之时，为本族挺身而出，完成家族的衣钵大业。因此，家族是支持的，社会是赞赏的，风俗是允许的；因此，她做得顺理成章，心甘情愿。

下一个问题就是：怎么"变"？

所谓"变"，当然不是让 MM 们去摩洛哥做变性手术，杉菜可没长胸毛，贝蒂也没长出胡子来，"变性"只是指心理上的，让你站在社会中男人才站的那个位置，以自己独特的才能去做那个时代男性才应该做的事情——至于具体是什么才能，每个时代都有各自的标准。宋氏姐妹生活的时代，最理想的男性生存职业是士子。

当时的士子们是怎样实现自我价值的呢？鲁叔孙豹在《左传》里说："太上有立德，其次有立功，其次有立言，虽久不废，此之谓不朽。"——立德，那是圣人能做的，当然你也可以做，但是必须给机会，比如战争时期混个忠臣烈士啥的；立功，所谓"修身、治国、平天下"，科举入仕，上报国家，中报家族，下报自己——读书人最好最现实最理想的出路；立言，如果你总考不上，就跟蒲松龄一样写书，可以著书立说——如果写得好，没准几百年以后还会有人记得你，对你的人生也总算有个安慰。

宋氏姐妹是女性，而当时对于女性的标准是"贤妇"，所以对于终身不嫁的她们而言，立德是没机会了；也不能立功，唐朝不让女子来科举，入仕更是妄想；因此，唯一的出路，立言。

于是她们写了《女论语》——"恐女教未修,乃编撰此书,名曰《女论语》。"以"敬戒相承,教训女子。若依其信,是为贤妇。罔俾前人,独美千古"。这几个女人的野心真的很大,她们想出了男人的最高价值——不是功名利禄,而是指向了未来,指向了历史,指向了永垂不朽。

女人如果想出位,只有比男人做得更好。武则天便是一位毫不逊色于历代英主的政治家。

因此,灰姑娘速成法秘诀二:"会变"。

多余的碎碎念

长大后才知道,"人以群分,物以类聚"。这个社会很大,并有很多层次、很多面——这是最有用的废话,可惜,却是我很久以后才明白的道理。

小沈阳说:"什么叫善良?善良就是别人喝汤你吃肉的时候,别吧嗒嘴。"

作为一个文人,我可以用N多理论和术语来解释这句话的道理,可以用N多哲学思想来阐释它的内涵,但是,老百姓的道理就是这么实在,最普通且最有用。民间,有属于民间自己的文化,有它自己的处世哲学与实践经验,也有它自己的悲欢离合与人情冷暖;但是正史,往往是由精英甚至政治来书写的,那些非精英者早被踢出舞台,淹没在了时间的尘埃里,成为沉默的大

多数。

但是他们存在，并坚韧生长。

其实，如果文人们真的打开自恋的门，走出去去看那些精巧绝伦的民间工艺、那些俏皮可爱的民间幽默、那些深刻实在的民间谚语，你就知道，这个世界很大，你只是其中一部分而已。

关于唐朝，我们熟悉的是帝王兴衰、贵族离合，而民间文化因为没有发言的机会，几乎被漠视被掩埋了。幸运的是，还有那么一些知识分子，他们与功名无缘，一直跟底层生活在一起，饱尝辛酸，因而也能人情练达——"面对充满高低贵贱，举步维艰、前路茫茫的世道，他们只能选择认同命运的安排，紧紧拽住手边可怜的快乐，满足于眼前难得的平安；而转瞬即逝、变幻无常的人生，又使他们看到了可能存在的时机，心中快被现实浇灭的理想的火星有时又会燃起，他们默默地积蓄着上升的力量，伏身藏行是为了伺机而动，是为了换取荣亲安家的美好的世俗人生……"。

这是低等士子的心态。但历史的荒谬在于，底层的文人却在几千几百年以后，彰显出旺盛的生命力——《窦娥冤》仍被我们所熟知；《红楼梦》可是曹雪芹家破人亡之后才写出来的盛世挽歌。

而如今，冯小刚的市民电影在《非诚勿扰》里显出了颓势，陈凯歌在《霸王别姬》之后再无扛鼎之作，老谋子自从做了《英雄》，就再也没回过"人间"了——他们的艺术生命本来就来自生活，来自市民、平民生活，刚刚起步时或许还带着从前生活的影子，但是财富、金钱、荣誉，或者说更要命的生活方式的改变，让他们

"贵族"太久了。他们或许已经忘记老百姓是怎么生活的了——肉吃多了。

我从不否认精英有精英自己的文化力量,但是我更承认,在民间,在城市生活、在农村乡野,有着更为强大和坚韧的文化生命在延续、在流传,它们生生不息。《女论语》,就是第一本面向平民妇女的教科书。

一般情况下,平民文化跟主流都是合作的,是符合当时的教化思想的。

我们对唐朝女性常常存在这样一种错觉:放荡不羁并且胡作非为,连女皇帝都出了,还不叫开放吗?其实不是的。在唐朝,大部分女性都是"守"规矩的,她们的学习榜样是"贤妇"——众多妇女墓志里,是那个时候男权社会的楷模形象:柔和婉顺、遵礼守节、孝顺长辈、勤俭持家、守贞节、不妒忌等。同时,由于风气开放,文化多元,她们又多才多艺,富于才智,能担负起睦处六姻和光大本族的责任……而我们看到的出场表演者都是皇室贵族,所谓的"脏唐乱汉",那都是贵族王室的荒唐把戏,真正的老百姓是没有那么多闲心胡闹的——如果一个人连生存都成问题,何曾谈及什么放荡?

现在的男女倒是平等了,把女人当"人"来教育,古代甚至民国还存在的性别教育已经消失在历史的尘烟里了。只是,性别差异仍然存在,女性仍然跟男性不一样,而且很不一样,也许那些女四书、那些三从四德的封建礼教早已落伍,但是我们现在的女性是否还需要一种新式的、与时俱进的、女性专属的教育方式?

也许笔者孤陋，想了半天也没想出个案例来。我既找不到专门针对女性的新式教育，也找不到代表女性形象的那种叫做标杆或楷模的东西——在如此发达的现代社会，这居然是个空白？而更让人遗憾的是，当这个形象楷模被忽略的时候，一种极为功利世俗的、不被人提起的、却正在徐徐上升的"楷模"形象浮出了水面——女明星。

女明星的形象是什么？有名有钱，命好的，嫁入豪门做"上等人"。

这就是当今社会的女性"楷模"，不再是"贤妇"，也不是女战士、女英雄，更不是女强人，而是女明星——媒体忽悠、大众推崇，多少充满欲望的双眼，紧盯着"名利"两字。而为了争夺出名权、人格、尊严都可以出卖交换，所谓娱乐圈的"潜规则"，所谓"包养"。多少本该绚烂的生命与灵魂，就这样殉葬于那追求"楷模"的明星之路中……

而当下很多所谓的女明星，也不过从前的歌妓而已——古人万万没想到，有一天，歌妓也能成为女性世界里追求的楷模！

那么，没有机会做女明星的呢？——想方设法 YY 成"灰姑娘"。

真是一声长叹。

速成秘诀——对等

宋氏姐妹像士子一样著书立说，她们所立言的《女论语》塑造起了一个平民女性形象的楷模，但与班昭的《女诫》相比，尽管都是主流的女性教育形象，都是贤妇，都是三从四德，不过两者之间还是有着细微差异的。

贵族妇女是不事生产的，有一大堆丫鬟仆人伺候，不用承担这个家庭的生产，消费即可；而平民妇女是承担劳动的，全家人的衣服都要她来纺织，不论做饭还是耕作，她是一个很有用并且很好用的劳动力——有了经济，就有了地位。

同样男尊女卑，《女论语》用的是"敬顺"，而《女诫》用的是"卑弱"。班昭教育女孩子听从就行了，少说话多做事；但是宋氏姐妹教育女性，对丈夫要尊敬，但是你自己并不"卑弱"，在丈夫不对的时候要进行劝诫。

《女论语》写道夫妻关系要"同甘同苦，同富同贫。死同葬穴，生共衣衾"。可没教育她们可任由老公打骂当奴才。并且据学者考证，其后两章是后人加的。

和柔章：

处家之法，妇女须能，以和为贵。孝顺为尊。翁姑嗔责，曾如不曾。上房下户。子侄宜亲。是非休习，长短休争。从来家丑，不可外闻。东邻西舍，礼数周全。往来动问，款曲盘旋。一

茶一水，笑语忻然。当说则说，当行则行。闲是闲非。不入我门。莫学愚妇，不问根源。秽言污语，触突尊贤。奉劝女子，量后思前。

守节章：

古来贤妇，九烈三贞。名标青史，传到如今。后生宜学，勿曰难行。第一贞节。神鬼皆钦。有女在室，莫出闲庭。有客在户，莫露声音。不谈私语，不听淫音。黄昏来往，秉烛掌灯，暗中出入，非女之经。一行有失，百行无成。夫妻结发，义重千金。若有不幸，中路先倾。三年重服。守志坚心。保持家业，整顿坟茔。殷勤训子，存殁光荣。

人家宋氏姐妹写作的时候，并没有这两章，所谓和柔、守节，大多是针对丈夫来说的，老公死了要守寡一辈子，不能破坏礼教名节。前面已经说了，唐朝社会还是一个父权社会，夫权色彩并不浓重，宋氏姐妹并没有出嫁，不会为老公考虑那么多；并且更为重要的是，在她们选择男性化生存的根本意识里，女人既然可以当男人，就存在着跟男性平等的可能。

因此，所谓女性就应该爱丈夫、顺从丈夫，并不是流传下来的夫妻关系的逻辑，其逻辑应该是："我爱你，你也得爱我，咱俩谁也不欠谁。"

因此，灰姑娘速成法秘诀三：对等。

103

速成秘诀——时机

上大学的时候,有位古代文学史年轻的导师,学识渊博,风度翩翩,前程似锦。那天早上,他还好好地在课堂上口若悬河,结果中午就突然消逝于人间了。理由很荒诞,被路边因为修路而倒塌的电线杆砸死了。谁也不曾想到的理由,时间不赶早也不敢晚,就在那一刻,寂然而亡,留下年轻的娇妻和刚出生的孩子。

命运常常残忍而荒诞。

当俄狄甫斯得知杀父娶母的诅咒时,曾经试图努力躲避过,可当他走出收养他的国家时,却又陷入了命运的网罗——在半路误杀了他真正的父亲,并且因为猜中斯芬克斯的谜语,娶了当时的王后——他的母亲。虽然他一直做得很好,虽然他是个英明的君王,但是命运似乎并不肯轻易罢休——瘟疫流行。最后,他知道了真相,残忍而可怕的真相,于是他挖掉了自己的双眼,选择了自我惩罚式的流放——而其实,他什么也没有做。

这个故事常让我想起萧峰、阿朱在塞上空许约的那一刻,似乎是种最幸福却又是最残忍的浪漫。为什么让阿朱死?为什么让萧峰自杀?年轻的时候,不懂,也曾经被萧峰一句"天下女子千千万万,但阿朱只有一个"感动得热泪盈眶,只是为什么……?

金庸说,萧峰是另外一个俄狄甫斯。

原来如此。命运的网罗，其实从萧峰出生就已经收紧——他是契丹人的孩子，胡汉恩仇，从一开始便已注定。

命运很荒诞。

凡人如我们，也许受尽捉弄而无可奈何，但是英雄们却尽力反抗，在明知必败的挣扎里，凸显一个个大大的"人"字——生命很脆弱，但是人类很坚韧。北川地震已经证明了，金融危机也会证明，无论什么样的危难，都不会让人类崩溃，我们还会活着、忍受着、承担着，直到希望的那天来临。

但是，命运女神也并非一味残忍，很多时候她也会给你带来意外的惊喜，这就是灰姑娘们的魔法时刻。可是，你能抓住吗？

灰姑娘速成法秘诀四：时机。

王子现身

如果宋氏姐妹生于盛唐，也不过寂寂无名于乡里罢了，可是她们生在中唐，皇帝是唐德宗。这个时代，正是李唐王朝盛衰裂变之转折期；这位帝王，也是一个有所为而无所为的悲剧人物。

德宗幼年一直富贵和平，十四岁那年爆发了安史之乱，跟随大唐帝国一起经历了大动乱、大衰败。代宗继位之后，被任命为天下兵马元帅与安史叛军余孽做最后决战。大历十四年（779）五月，代宗病逝，身为皇太子的他遵照父皇遗诏柩前即位。

德宗在位二十六年，比唐朝历代皇帝都长久些，但是他心里

105

未必愿意，因为那个时候帝国正在转型——四方宾服被吐蕃、回纥列强环伺所代替；一统天下被藩镇割据所占领；朝廷里捍臣强将，朋党倾轧；思想上礼仪崩坏，人伦谬然……天下如此，他必须拼尽全力去扭转、去安顿、去维持、去开拓。他尽力了，我想。

很多人这样评价这个帝王，他的一生充满了矛盾，是一个从"好"皇帝变成"坏"皇帝的过程。证据如下：

对大臣："由即位之初信任宰相演变为对大臣的猜忌，并形成了拒谏饰非、刚愎自用的性格"；对藩镇："由武力削藩转而变为对藩镇姑息"；对宦官："由即位之初的'疏斥'转而变为后来的委重，以宦官掌握神策禁军和担任监军成为制度"；对财物："由即位初期的节俭和禁止各地进献转变为喜欢财物与大肆聚敛"——总之，前期励精图治，经过削藩失败，"泾师之变"之后，终于意气消磨，自甘堕落昏庸……

|106

这是神话。

笔者近来读史愈甚，越发感到历史的诡谲，在那价值单一的封建士大夫的笔下，有着太多属于他们的偏执与粉饰，以至于那绚烂奢华的历史舞台，只不过是一场导演。

德宗至死，一直是一个励精图治的君王。

这位皇帝曾经信任过朝臣，他也被封建传统的价值迷惑了，认为宦官是一群心智不全的阉人，只有受过良好教育、读过圣贤书的士子们才是值得信赖的，才是值得依靠的，可是结果呢？

信任张涉，"及即位之夕，召涉入宫，访以庶政，大小之事皆咨之。翌日，诏居翰林，恩礼甚厚，亲重莫比"，结果这位宰相推荐了一个不堪重用的庸才。亲手提拔杨炎（实行两税法的那位），结果这位士大夫却"独任大权，专以复恩仇为事"，为了打倒政敌刘晏，诬陷人家欲动摇德宗的太子地位，使刘晏遭贬，然后又指使亲信诬告人家在贬后"言多怨望"，图谋不轨，终于借德宗之手除掉了政敌。而刘晏的屈死引起了藩镇的不满，杨炎又打着宣慰的旗号开脱自己，把所有罪行都推到皇帝身上。任用卢杞，结果这个士大夫怕大将李怀光威胁自己的地位，劝说德宗不见李怀光，而是命令这位将军继续战斗，收复长安。结果，让李怀光"大怒，遂谋异志"……

后期朝廷内部党派斗争更加激烈，如被历史盛赞的陆贽，曾经代德宗写过闻名天下的"罪己诏"，也曾经对德宗直言进谏所谓《论裴延龄奸蠹书》，说德宗的贪财多欲"譬犹操兵以刃人，天下不委罪于兵，而委罪于所操之主；蓄蛊以殃物，天下不归咎于蛊，而归咎于所蓄之家……"——慷慨激昂、义正词严得宛如"文死谏"的忠臣典范，但是其实也不是什么好东西，在党派斗争里排挤他人，利用自己的职位扶植私人势力……

如果你是帝王，面对这么一帮朝臣，又该怎么办？

每个人都纯真过，皇帝亦然。

继位之初，德宗也曾想恢复太宗时期的"君臣和谐"，也曾想"戮力同心，以成大化"。但是太宗的君臣之道，是战场上打来的，而和平时期的权力场上，哪会有什么理想存在？什么君臣同心？要想不折腾，唯有"制衡"二字。

被忽悠了无数次以后，德宗终于明白了这个道理，而逃离京城流亡奉天之时,平日里忠心爱国的文臣武将纷纷叛变,只有身边那些身体残缺的宦官,忠心耿耿,生死相随,德宗也被感化了。从兴元返回京师,德宗开始聪明起来,他不再相信任何人、任何势力,而是把权力蛋糕分给各种不同的势力群体,让他们在互相制约中形成新的稳定与平衡。在这其中,他把一部分权力交给了宦官。

对于这部分阉人,在封建士大夫笔下从来没有过好话,他们仿佛天生就是死对头——在唐朝灭亡的原因探究上,至今还赫赫标识着"宦官专权"的恶名,仿佛哪个朝代如果被这批阉人掌握了权力,这个朝代就要灭亡。

笔者从前也这么想,宦官皆小人,魏忠贤不就是一个典型吗?

其实,宦官不过是皇帝的代理人而已,虽然说唐朝末世,皇帝更替几被宦官所操纵,但那也是因制度失误所造成的权力膨胀。一开始,官宦掌握实权,是德宗制约那些狂妄大臣的一个手段罢了,其实总体权力还掌握在皇帝本人手中。也许封建士大夫对德宗的怨言就是从这里开始的,皇帝不再完全依靠他们,而选择去信任宦官,给一批阉人实权。这对于他们来说是件不可容忍的事情,并且此后德宗个人行为也开始落人口实,从节俭到收敛钱财,自然成了士子笔下的"昏庸"之君。

但是我们把历史往后看就知道了,德宗收敛的钱财可不是给自己用的,他没有什么过分的奢侈浪费的行为,而是把钱攒在了内库里。因为经过一场解决藩镇失败的战争后,他意识到了军费的重要性,他要尽力攒下积蓄,留给儿子宪宗。最终,宪宗

拿着这部分钱物，打赢了一场藩镇之战。

历史，也许不可操纵；命运，也许不可捉摸；局势，也许不可收拾。但是正如俄狄甫斯与萧峰们所信奉的，人在命运的残忍与荒诞前，并非无能为力，必败也要去挣扎，必死也要去拥有，这，就是人的尊严和价值！

面对李唐王朝无可挽回的衰落，德宗尽力了，我想。

王子需要

盛唐辉煌已雨打风吹去，太宗杀伐决断的风流、玄宗盛世的逍遥，德宗无论如何都赶不上了，但他还记得，他是英雄们的子孙。

从十四岁那年起，在命运的不可计数里，一座座大厦呼啦啦倾倒于片刻，然后便是战争、战乱、无休止的兵戈……几度春秋之后，终于换得了片刻的安定，只是，这时的朝臣已不再是太宗时期的"以德服人"，这时的悍将已不再是玄宗时期的"为君前驱"。数次的欺骗、数次的蒙蔽，让他慢慢清醒意识到，那些朝堂上的跪拜，不过形式而已。藩镇割据不服君威。朝廷内，朋党勾心斗角，君臣礼仪被轻蔑废弃，以至于都有人敢背向皇帝而坐……思想界，大量历史人物被重新评价，颠覆性的学说不断出现，中国主流的传统价值被质疑、被纠察。甚至连代表国家思想权威的科举考试，都出了类似"《三礼》何篇可删？《三传》何者可废？墨氏非乐，其礼何以？儒家委命，此言当乎？"的命题。很傻很大胆。

君主权威失却，天子威严不在，德宗终于不再像祖辈那样揪着老子不放，要成仙入道，他想起了孔子的好。

每个人都需要救赎。

在君权神授、等级秩序的礼法里，终于，德宗找到了属于自己的意义——这个皇位可以用儒家礼法去维护。于是，他努力。

贞元元年十月，他突然宣布不再向五方配帝称臣，因为"论善计功，则朕德不类，统天御极，朕位攸同。而于祝文称臣以祭，既无益于诚敬，徒有渎于等威。……宜从改正，以敦至礼"。五方，指的是掌管立春、立夏、季夏、立秋、立冬的天神。祭天，本来是向神称臣，只是他改了，天神只有一个，而人间天子的位置，是跟职司各方的天神不相上下的，那么，与前代君王相比，他已不再是众神的仆从，而是众神之中位次于天的人间之神——天子，是人间之神，礼制为证。

|110

德宗回头，望向自己的后宫，如何让那些经历过武则天、经历过安乐公主、经历过无数胡作非为的贵公主妃子们遵守礼法呢？你遵守礼法是为了维护自己的皇权尊严，她们遵守礼法，除了无谓的束缚，又能得到什么好处？德宗不知道，也无法解释。因为如果直说是为了皇家的延续，就要坦诚自己的无能为力——没有一个正常男人会这么做。于是，只能强迫。

他下令强制公主们拜见自己的公婆——"上命礼官定公主拜见舅姑及婿之诸父、兄、姊之仪"；在义阳公主出嫁时，特别命令礼官咨询专业儒士，按照正规传统的儒教礼法来嫁女儿（可见当时礼法混乱）；司徒沈易良的妻子崔氏是太后的季父母，比德宗还长着一辈，因此每次入宫，德宗自己"方屣而靴"，还让自己的妃子王、韦两位美人出来拜见。

肃宗女郜国公主"与彭州司马李万乱，而蜀州别驾萧鼎、澧阳令韦恽、太子詹事李皆私侍主家。久之，奸闻"。他知道了以后，没有像太宗对高阳一样，只是杀侍从、情人了事，而是杖杀情人，囚禁公主，并废黜尊号。

此外，大量销减公主、郡主们的经济收入以及嫁资，修改简化她们的出嫁礼仪与恩荫制度。如长林公主出嫁的时候，"德宗不御正殿，不设乐，遂为故事"……

德宗是有决心的。如果说前朝的朝臣朋党，也只能勉强制约，自己家的老婆孩子总能强迫得了吧。一番整顿之后，后宫宗族们果然消停了很多——"戚属之间，罔不惮其敬，不肃而尊礼法焉"……

只是，这样就可以了吗？

我们读史读多了就知道，历史这位狡猾的老头，往往只说表面。

就这样的居心与整顿，长久遗留的风俗却非他个人之力所能为，女儿义阳公主照样骄横不法，照样胡作非为——"主恣横不法，帝幽之禁中。"

他看到了，也意识到了，他需要另外一种力量，一种与惩罚相反的手段——榜样的力量。

宋氏姐妹。

鲶鱼效应——挪威人在海上捕得沙丁鱼后,如果能让它们活着抵港,卖价就会比死鱼高好几倍,但只有一条渔船能做到带活鱼回港。后来,人们发现这条船的鱼槽内不过是多了一条鲶鱼而已。原来当鲶鱼装入鱼槽后,由于环境陌生,就会四处游动,而沙丁鱼发现这一"异类"后,也会因紧张而加速游动。如此一来,沙丁鱼便延长了寿命。宋氏姐妹,就是德宗后宫世界里的"鲶鱼"——因为,她们出身平民。

在那个世界里,她们是异类。

当这几个平民女子,以儒家士子面目出现在德宗面前时,他开始是惊异的,后来,是惊喜。

他感到安慰。

多年以来,他孜孜以求的那所谓的正统、礼法、尊严,似乎在这几位女子身上找到了一丝证明——上天都在帮他证明,连女子都在学习,都在重视儒教礼法!何况,她们还出身平民,这很重要——人类是有反差心理的。民国时期,有群粉丝正在一个饭店里等着张爱玲,恰巧她的好友也在其中。当有人问起张爱玲的样子时,好友这么介绍:"她长得又黑又矮……"结果等真人来,"众皆惊艳"。为什么?因为真正的张爱玲本人,是又高又白,虽然长得并不漂亮,但是这种超乎众人期待的"反差",让她的优点格外凸显了出去……有人说,真正的打击不是你想象中的,而是你没料到的。人类总是对那些期待之外的东西印象更深刻,这让平民出身的林肯在众多美国总统排列里成为难得的永恒,也让农民出身而非出自艺术世家的小沈阳更加炫耀夺目得"火"了起来。

那个时候的唐朝，礼教只是精英之间的传统遗留而已，远未普及到庶民——宋氏姐妹，是一个奇迹。

并且，那个时刻，德宗一次试图加强中央集权的尝试正以妥协告终，士大夫们用鄙夷和批评的语气评价这位帝王的失败——正是他那仓促而激进的政策激起了妄图自治的节度使们的不安。一个关于藩镇继承权的导火索导致了大乱，而不适当的"以藩制藩"的策略又让叛乱急速蔓延，最终，他不得不逃离京城。最后，他又以"罪己诏"的方式正式承认了藩镇自治的正当权益……

本来是一场加强集权的企图，却以相反的结果收场，这位皇帝刚刚继位所树立起来的尊严与威信，随着这次失误而慢慢消弭。但德宗是帝王，虽然此时已无能为力，但并非无所作为，这场大乱让他清醒认识到了失败的根源——并非士大夫眼里的根源：没有充足的军费、过度信任大臣的盲目以及精神宣传上的忽略。

他开始贪婪地攒钱，吸纳节度使们的"进贡"，开始崇尚礼制，把自己名义上的权威封到与神同等的地步，并且开始信任"小人"，包括那些身体残疾无权无势的宦官。因为血的教训告诉他：那些背叛的臣将们手里有兵，背后有势，再多的恩宠，人家不稀罕。

只有小人，因为无根无源，因为一无所有，帝王的那些恩宠才能换得他们真正的忠诚。

终于，经历万种波折，德宗懂得了管理学。作为一名领导者,手下可用的人不过两种:一种是有资源(后台、财富及其他可用资源)的人,你用的是他的资源;一种是无资源的人,你用的是他的忠心。

而那个时刻,德宗最需要的是后者。因为他在蒙蔽与背叛的苍凉里,终于认识到人性的险恶与人心的重要,于是像史官描述的那样开始"猜忌"——即使和他感情不错的淑妃,也是在跟他经历一起逃难,到快要病逝的时候,才追封成皇后,并且适当地很快死去,对他的位置再也构不成任何威胁。

宋氏姐妹,出身平民,无权无势,只有"才华",正是他能信任和需要的那种人。

时机出现

宋家灰姑娘们的机会来了。

她们本来不准备嫁人的,起码长姐若莘、二姐若昭是不打算结婚了,其他小的还没长成,轮不着她们自己站出来说话。当地风俗崇尚儒风,天子朝廷又提倡礼法,她们不嫁人并不是要胡作非为,而是要著书立说,显名扬亲,这就恰好暗合了父权社会的主流价值观念——父母、家族和风俗都是默许而支持的。

但是,即使时机来临了,事件的发生还需要一个契机、一个导火索、一把扭开那道门的钥匙。宋氏灰姑娘的飞跃,在于一个男人——昭仪节度使李抱真。

看过《五女拜寿》这出戏的人一定知道郭子仪，他几乎是被誉为重缔唐王朝的巨星级大将，可惜安史之乱平定之后，因为功高盖主一边歇着去了。后来藩镇又动乱，他再次被请出为帅，而出这个主意的人，就是李抱真。

当唐将仆固怀恩拥兵不朝，在汾州反唐时，李抱真对当时的代宗说："郭子仪领朔方（今宁夏灵武南）军民多日，人多怀念。仆固怀恩欺骗他的部下说：'郭子仪已被宦官鱼朝恩杀害。'如果恢复郭子仪官职，可以不战而胜。"于是皇帝最后采纳了他的建议，终于平定了仆固怀恩的叛乱。

此人在德宗在位时出场机会更多，率领自己培养起来的"昭仪军"为平定藩镇叛乱立下汗马功劳，史称"沉断多智计"，是个有勇有谋的干将贤臣。可惜，晚年大兴土木，沉迷方术，成仙得道得妄想成狂，坚持服食丹药。在吃了两副丹药以后，腹坚不食，于是道士又给他服了泻药，总算救了回来，但是他说："垂上迁，何自弃也！"（眼看即将得道成仙，怎么自己放弃呢！）于是又吃了三副，就这样坚定不移地把自己毒死了。

我们且不管历史所演绎的诸多荒谬，只要不影响我们的女主角出场即可。那是宋氏姐妹正以才学闻名于外，而这把"钥匙"又是那种"闻有一善，千里追之"的类型，并且忠心爱君，知道皇帝喜欢什么、需要什么。因此，贞元中，他以才学为由把这几个平民女子举荐给了德宗。

115

与王相遇

许多年以后,我亦然记得古龙小说里那位夜帝:武功高绝、才华横溢、英俊潇洒、重信守诺,几尽完美,只一点,风流太过而情人满天下,宛若《天龙八部》里的段正淳,虽是好人,但是贱男。

夜帝说:天下女子,非我尽爱,只是送之于凡夫俗子之手,可惜。

段正淳说:天下女子,新欢旧爱,皆倾心以待,"风流而不下流"。

然后,随着古龙生命层次的"进化",新式男主出场,天下花朵亦从"占有"变成"朋友",楚留香原来对蓉蓉、对红袖、对甜儿只是"保护"——不过,金庸用段誉式样的遭遇提出了"两性"质疑:男人的那种保护,能限于友谊耶?

男人风流有两种:受过伤害而"占有"天下花,救世主式地"保护"天下花。不过可惜,那些女人,那些鲜活的灵魂与生命,对于他们都只是"花"。而当一个男人拥有了触摸天下花朵们的能力时,无论是保护还是占有,都是不会放弃的。一个站在强势地位的男人去占有更多的优势资源,是显示雄性力量的表征,也是人性贪婪的隐秘窗口。如果一定要找个理由原谅他们,也许只能解释为"返祖"——皇帝情结。

黄宗羲有言:"屠毒天下之肝脑,离散天下之子女,以博我

一人之产业。"其实从一开始，几千年的封建制度就决定了，那个站在最高位置的男人是可以拥有一切的，包括天下之"花"。

而在那个时代，采花权是被制度化、公开化、合理化的。他们或劫夺，那么多罪臣之女，那么多战争俘虏，本来就是用来炫耀的胜利品；或采选，《长恨歌》里那位"上穷碧落下黄泉"的深情男主，就干过如此搜罗天下花朵的"淫贼勾当"，大量女子匆匆而嫁也不愿入宫，甚至不惜毁容。

灵珠产无种，彩云出无根。亦如彼姝子，生此遐陋村。至丽物难掩，遽选入君门。……村中有遗老，指点为我言。不取往者戒，恐贻来者冤。至今村女面，烧灼成瘢痕。

白居易《过昭君村·村在归州东北四十里》

不过小小的村女，不惜一生瘢痕累累，亦不愿为帝王"花"。

当然，亦有对花朵们最有利的方式——被"进献"。众多权臣们或为富贵，或为权力斗争，或为讨好皇帝，把这些具有才色的花朵进上。她们大多会"好命"，只是好命又怎样？——普天之下，莫非王土；天下之花，亦莫非王有。鲁迅说，历史，就是一场又一场循环……

贞元中，宋氏姐妹以被"进献"的方式入宫。当那皇命来临时，宋氏姐妹终于遇到了她们的"王子"。进宫方式，是最为荣耀的"进献"。

她们是惊喜的，尽管，已选择成为"士子"，尽管，要终身不嫁著书立说，尽管也曾想过以"立言"而不朽于历史。只是……只是皇权所赋予的荣耀，与那家族的殷勤，她们抵不住。在那个时代,你的价值,你作为女人的价值,只有在皇权的金光灿烂里才会夺目耀眼。

她们入宫面圣。

德宗俱召入宫,试以诗赋,兼问经史中大义,深加赏叹。

《旧唐书(卷五十二)》

于是,经历了灰色的窘迫、决绝的变性、站在男人位置上的努力,在历史、时光、社会的巨大交织下,命运女神终于展露出了少许微笑——灰姑娘们正式"诞生"!

童话里,王子跟灰姑娘从此过起了幸福的生活;连现实一点的杉菜,都在跟道明寺结婚以后再无下文;贝蒂好像最后也终结于跟男主结婚……仿佛,以后的日子不需经过说明,必然是幸福的,一定是幸福的。

真的吗?

魔法时刻

周星驰说:"曾经有一份真挚的爱情放在我面前,我没有珍惜,等我失去的时候,我才后悔莫及,人世间最痛苦的事莫过于此。如果上天能够给我再来一次的机会,我会对那个女孩子说三个字:我爱你。如果非要在这份爱上加上一个期限,我希望是……一万年!"

人生里有太多"君生我未生,我生君已老"的叹息。茫茫人海中遇到"对"的那个本难，而又能在那个"对"的时刻去遇到，则更难。有时候，是彼此还没成熟好的擦肩而过；有时候，则是"使君有妇，罗敷有夫"的廊桥遗梦。感情的荒谬、命运的嬉笑，成就的是更多的怅惘和遗憾。从这个程度上说，德宗很幸运，宋氏姐妹也很幸运，尽管他们之间，也许不是那种叫做爱情的东西。

788 年，他们相遇，于后宫。

那年，他四十六岁，大衰败以后，是垂死的挣扎与色厉内荏。

那年，宋家长女若莘二十八岁，青春已过，是经历过些许沧桑的成熟；次女若昭二十岁，追随着姐姐的方向亦步亦趋；四妹若宪方十三岁，懵懵懂懂中的青涩；三姐与五妹，早在入宫之前，便已夭折。

那年，宋氏姐妹的故乡贝州清河刚刚被朝廷夺回，藩镇割据，几经丧乱，她们姐妹都经历、都明白、都知道。

那年，他们相遇，以儒学礼法的名义。

幻觉本质——需要

有 MM 来信："姐姐，你说我要找什么样的？"

答案："灵魂伴侣。"

海明威说，每个人都是一座孤岛。如果你足够幸运，你会找到那个可以跟你分享生命本身的人——跟你一起看潮起潮落的余晖，一起承担生活里的平淡与碎屑，一起在喜怒哀乐、悲欢离合里生长成熟。你们之所以能走在一起，不是年龄，不是世俗，不是容貌，不是才华，而是因穿越时光而不朽的心灵。

可是，更多情况下，所谓心灵伴侣只是理想。在这个功利主义的男权世界里，男人的"需要"，才是扭转女性命运的按钮。而被琼瑶剧、韩剧忽悠多了的姑娘们，却总以为自己可以充当灰姑娘，某一天突然凌空一个杉菜脚，光彩耀眼的道明寺就能降临，然后跟王子幸福快乐地生活在一起，拥有别人羡慕的一切——门第、金钱以及尊贵……

这是童话，而且，是一个具有欺骗性的童话。

|120

《一帘幽梦》里的紫菱真的了解过费云帆的灵魂吗？你不觉得紫菱更像费云帆的玩具吗？在紫菱身上，那个男人得到的，不过是一种控制白痴小女孩的满足感与安全感，是占有青春的得意洋洋，是争夺战利品的雄性自尊心——他其实爱上的，是自己充当圣父的姿势。毛主席说了："这个世界上，没有无缘无故的爱。"

因此，紫菱，和那些无缘无故得到王子之爱的女主们，都是山寨版灰姑娘，她们的故事是假的、虚幻的，是引人误入歧途的忽悠与意淫。而"正宗灰姑娘"如杉菜和贝蒂们，确实有现实的影子，确实是有可能实现的，确实是可以达到的。只要，你站在了强者的位置上，站在可以与王子平视的那个位置上，能比男人更强，却又不会威胁他们自身的地位，而是成为他们生活里、事业上的支撑，成为他们的需要，这样，你就有可能成为真正的"灰姑娘"。

只是，需要不是爱，依然与灵魂无关。

灰姑娘爱情的本质，是王子爱上了自己的需要，这就是男权社会的陷阱，即使你实际地当上了灰姑娘，你依然站在"被需要"的位置上。而当你身上的那些特质随着时光变幻、随着岁月逝去，王子也成长到了下一个阶段时，你就不再被需要了。等到那个时候，有点良心的会凭借个人的道德毅力去维持，而遇上没有道德的，你就只能忍受三心二意的彩旗飘飘了。至于君王，自可以理所当然地让你失宠。

这个时候，灰姑娘的出路有两条：跟王子成为灵魂伴侣；或者，让王子永远需要你。

被需功能——爱情

"自贞元七年后，宫中记注簿籍，若莘掌其事。"

网上有篇很有名言情小说《寂寞空庭春欲晚》，里面的康熙喜欢一名叫做琳琅的宫女，开始时两情相悦亲密得很，直到被人陷害，皇帝才正式给予这位女子名分，把她封为妃子从自己身边拉开，为什么呢？因为在由权力组成的后宫里，有三个阶层：与帝王构成两性关系的后妃、管理事务的宫官与服务的宫女——而离帝王最近的那个位置，不是后妃，是秘书。

若莘的职位，是尚宫。

这个职位，其实并不荣耀。在中唐朝后宫里，跟皇帝构成两性关系而能成为"主子"的，最起码是正四品的"才人"，然后升级为正三品"美人"、正二品"六仪"、正一品"四妃"，以及最高位置的"皇后"。其他的女子，都是服务人员。尚宫，不过高级服务人员而已，最高的品级不过正五品，与成为主子的嫔妃们，是有严格主仆等级之分的。

尚宫："凡六尚书物出纳文簿，皆印署之"，掌管教育、记录等职责。这是德宗对于宋氏姐妹的第一个需要——后宫秘书。

宋氏姐妹无根无源，没有能力对权力构成威胁，而且她们还信奉儒学，显然是最适合的人选。很快，这个职责落到了长姐若莘的头上，因为她是姐妹里离德宗最近的那个人，多年守身不嫁，饱读儒家经典，经历战乱之苦，在灵魂之距里，她能理解到德宗更远处——"先皇帝乙夜观书之际，亦尝传'窈窕'德象之篇于若莘。"

我们想象在那无浮华之后的寂寞深夜里，这个男人独坐大明宫的灯烛之下，寻找着儒家先贤的足迹……烛影之下，是数次回天无力而雕刻成的沧桑，是堪堪中年便已白发渐生的寂寞，突然，他想起了她，于是召她进见，谈谈《诗经》《论语》的掌故，在那年轻而清澈的目光里，似乎能看到礼制尊严的慰藉——也许，起初，不过是寂寞同慰的欣赏，后来……后来呢？

德宗动心了。

若莘恋爱了。

不可否认，虽然长姐若莘第一个选择了"变性"，并且教育妹妹们甚严，但她也是个普通的女人。她没有看透那个社会两性关系的本质，同时，只有她跟德宗的年龄更为接近，那天夜里偶

然的倾心，挑起了作为一个女人的梦。

女人的梦，就是爱情，就是做皇帝的女人，离皇帝更近，满足自我情感需要的同时也将更加荣耀，更加显亲扬名。在这个偌大的红墙之内，谁不想做主子呢？

123

"姐妹具承恩幸。独若昭愿独居公元，不希上宠……"因为午夜的那份心灵悸动，德宗宠幸了若莘，顺便，以恩宠的方式想拉拢其他两个妹妹，但是二姐若昭拒绝了。灰姑娘们，从这里开始分岔。

幻觉本质——清醒

如果说德宗对妹妹的宠幸是一种政治拉拢，那么跟若莘之间，确实有一种叫做爱的东西。在这个路口上，我们的灰姑娘一号似乎是能转向灵魂之爱的，因为既然是精神知己，能让这位王子从政治需要再进一步，就是玄宗跟玉环之间的境界了。

无论什么，只有跟灵魂有关，才会永恒灿烂。

当《手机》里的张国立感叹婚姻之"审美疲劳"时，引无数GGJJ竞折腰。一位中年姐姐这样跟我说："婚姻，是人类最不道德的产物。"

我理解，很理解。当年再是貌美如花，也不可能百看不厌。根据心理学周期，跟一个人相处半年之上，容貌基本属于可忽视之列，更何况夫妻之间亲密空间颇多，吃饭睡觉去厕所都在一起，是你熟悉得不能再熟悉的人了。而人性很脆弱，生活需要激情，墙外正绚烂如花，青春、美丽、新鲜诱惑着你悸动的心，如果你有钱，如果你有机会，如果……这是考验。这个世界，最经不起考验的，就是人性。

小时候听爷爷奶奶讲故事，充满了太多"好人有好报"的寓言；成长中，上学受教育，教科书里布满的是太多理想与美好；后来，踏入社会才发现，原来面目全非——起初，也许愤怒过、质疑过、绝望过，最终，活下来，并妥协。

只是，偶然在生活中某些渺小的善意里，在媒体上刻意营造的感动里，你会怀念当初，那善良、纯真、美好的时刻；或者偶尔，在寂静的深夜里，你间或听到那灵魂的吟唱，在无边的星空之下，显得这样寥寂而悲凉。

世界，很现实，充满了太多需要、压力与无奈，利益得失、欲望满足、熙熙攘攘里，澄清的是人性的卑贱与可鄙——仰望星空，美好，也只是一厢情愿。

那个时候，《挪威的森林》里直子选择了不妥协的自绝，绿子选择了无知觉的容纳，只有渡边，在理想与现实、世俗与美好之间，不断徘徊，不断挣扎……世界的荒谬便在于，它从来不肯让你彻底绝望，你总能在现实利益倾轧下，发现人性的火花与穿越时空的不朽——杜拉斯在《情人》里说，有一个男人向我走来，他说年轻的时候便认得我，只是现在，他更爱我苍老的容颜……叶芝说："多少人爱你青春欢畅的时辰，爱慕你的美丽，假意或者真心，只有一个人爱你那朝圣者的灵魂，爱你衰老了的脸上痛苦的皱纹"……

世界告诉你，很多人，其实很高尚过，其实很美好过，其实能够穿透这利益的迷雾与时光的不朽，只是，那也只是火花，更多的人是偶尔不朽。

仅仅偶尔。

大部分人很快便又回到利益的世界，遵循残酷的现实法则，得到自己想得到的，抛弃自己想抛弃的，人性的分裂与复杂就在此处——那时那刻，每个人，每个普通人是真的认真过的。

皇帝也是人。

灵光乍现里，德宗也许真诚爱过很多女人，传说中那个只愿做布衣不愿做妃子的王珠、王皇后、韦贵妃，或者若莘，因为只有灵魂才能穿透生命而不朽，而只有艺术与爱情，才是更近于生命的东西——但是也只是那时那刻。当人性回归现实，受摆布的，终归还是利益。

宋氏姐妹于他，更多的是一种象征、一种符号、一种榜样、一种工具，而不是爱情，更不是女人。他的帝国，正内忧外困，他的宫廷，正危机四伏，他没精力也没能力去风花雪月的文学艺术，这也就决定了他不可能迈到灵魂境界的那一步。他是皇帝，这是个可怕的现实。

这个现实，在他与宋氏三姐妹之间，若莘沉醉于那爱情的惊喜里，若宪无知无识，只有若昭，从始至终她就清楚，德宗是皇帝。那个时代那个地方，灰姑娘从来没有可能选择前者，只能永远"被需要"。

于是，她拒绝了德宗的恩宠，让德宗也从曾经穿透的迷幻美

125|

好中清醒过来。

他迅速摆正了她们的位置，让她们充当起第二个职能。

德宗能诗，与侍臣唱和相属，亦令若莘姊妹应制。每进御，无不称善。嘉其节概不群，不以宫妾遇之，呼为学士先生。

《旧唐书（卷五十二）》

"节概不群"，其实是指让他彻底清醒过来的若昭，而不是蒙受恩宠的若莘与四妹，只是，她们本来就应该处在一个位置上——"不以宫妾遇之，呼为学士先生"。这才是平民出身应该享有的位置：

一个模范的礼法符号；

一个有才华的宫廷教师；

一个皇帝身边的心腹侍从。

可是，若莘呢？

这个男人，也许曾经给她许诺过一个女人的未来，一个本来曾经被现实泯灭过的幻想。在每个寂寞而无谓的深夜里，在那些圣贤书的相互慰藉里，这个男人认真地听她娓娓道来：孔子、孟子、荀子、曹大家……烛光映衬着这个男人沧桑而空寂的面容，掩藏着现实的无力与存在的困惑。在一起憧憬礼制时代的功名的时候，这个男人曾经真诚许诺过的，她相信了，并憧憬着。

但是现在，男人转了副面孔，朝堂之上，皇帝指着她和她的姐妹说："她们可不是朕的宫妾，是跟你们一样的学生先生，是妃子们的老师……"。

"学生先生……"。

若莘愣住了，原来如此，那些夜晚、那些慰藉、那些悸动、那些憧憬，都随着这声"学生先生"化作了可笑的片片。她被这个男人抛弃了，但被那个皇帝接纳了，原来如此。

很多 MM，很多被爱抛弃过的 MM 常常恨恨说"再也不相信男人了"，其实，并不是男人不可信，而是人性太悲凉。在某个时刻，人性是可以穿越的，是可以美好的，是可以被感动的，但是人终归会回归现实与理性。尤其是男人，尤其是一个帝王，当他坐在那个位置上，他早已不可能成为他自己，他或许爱过，或许真诚过，只是，仅仅限于那时那刻罢了。

很多人，很多爱情，很多感动，只是那时那刻。

当一个人真正了解那真诚只是瞬间的时候，他就长大了。而当一个人懂得那瞬间就是永恒的时候，他就成熟了。其实背叛并不可怕，复杂也不可惧，尽管世界荒谬、人性复杂，只是我们仍然守望美好、仍然理解丑恶，仍然宽恕无奈。

若莘接受了现实，转身，充当了德宗对于她们姐妹的第二个需要——宫廷教师。

唐代教育

当九品中正的推荐制度（因德行的好坏而做官）被科举制度所替代的时候，历史是在进步的，因为有了一个统一的衡量标准,少了很多看不见的暗箱操作。只不过,唐代的才育,跟宋元明清时比又有了些微妙的差别。

我们看唐诗唐画唐服,看敦煌莫高窟,感受到的是唐人宏大的气象与瑰丽的想象,是自由的心灵奔放与舒展;而我们看宋词宋画宋服,感受到的则是理性的力量和内敛、深思以及沉重的道德之缚。说起来很玄妙的事情,其实原因很简单,唐朝科举考试的方向跟宋代是不同的——唐人的科举内容是以文学为主要标准的。

唐朝科举包括明经、进士考试两部分,明经科以试儒学为主,进士科以试文学为主,但是明眼人都知道,前者考的是知识的积累,后者考的是自身的性灵。唐风一向自由散漫,很快,这

种科举方式就发展成"进士以声律为学,多昧古今;明经以帖诵为功,罕穷旨趣",大家都重视考察文学文采的进士科,而忽视了死记硬背儒家经典的明经科。

试想:如果当今高考只考作文,或者只考诗词,那么当下毕业的大学生该是什么样子的人才?

应试体制下,考试是决定教育方式的,教育方式又决定社会精英们的思维方式。如学者所言:"在一个人的学习过程中,知识与能力是以综合的方式混融存在的。道德、情感、知识、技能在学习的过程中得到整体的提升。这种综合性的学习不太讲究学习的高低层次,却在一定程度上激发了学习者的智力潜能,可以择我所需,选我所长。同时,学习内容的融合易形成学习者重综合、重整体、重联通的思维方式,而这种思维方式正是文学与艺术的创造所需要的方式,目的与手段

从而合一。汉代是以经学为主的政治教育，宋代是以做人为归的伦理教育，今人是以实用为准的工具教育，而唐代文人得天独厚地拥有了这种融通的综合教育。当后世教育中的理性逐渐增多，学科愈见分明，我们也慢慢失去了唐人写诗时丰厚的底蕴、敏锐的通感。"

其实如果问我，当下的教育思维是什么？我也不清楚，只是从笔者个人的经历来看，似乎知识体系与实践的脱节比较大，以至于中国的毕业生一直生活在学校的象牙塔里，不能很好很快地融入社会。在西方，其实社会就是学校，学校就是社会，不存在什么明显的界限，因此不懂世事的书呆子也不会太多。

孔子很多年以前就说过：因材施教。

某种程度上，唐代的教育更像是因材施教，唐代的文人教育以入仕为目标，具备初级阶段的童蒙教育和高级阶段的入仕教育的完整教育系列，其受教对象是官僚地主、庶民地主、部分自耕农的子弟，是给精英士子准备的出路，但是这也只是一部分而已，并不是大多数人都能当上官僚知识分子的。那么三教九流怎么办？女性怎么办？

唐朝有个叫做马行余的商人，因为出海做生意，被风吹到了西罗国，国王待以上宾，问他孔孟之道，他回答道："庸陋贾竖，长养虽在中华，但闻土地所宜，不识诗书之义。熟诗书、明礼律者，其唯士大夫乎！非小人之事也。"所谓礼仪诗书，是士大夫们的事情，不是小人所能懂得的。

其实唐朝大部分贫穷的自耕农、佃农或工商子弟只停留在童蒙阶段,教师传授完基本知识后便直接进入社会,因此,他们不需要去关心如何治国平天下,以及所谓的建功立业三不朽。生存比生活更重要,只要能识字、记账、写文(不是创作,而是基本的应用性的行文能力),懂得应对进退、为人处世即可——这是应用教育。

当下很多高职毕业生比本科生还要吃香的原因就在这里,这个社会,需要更多的是应用型人才,而非研究型人才。探索真理只不过是少数精英和文人的事情,而更多的岗位等待着经验与实践。

但唐朝的庶民教育并非今人所批评的工具教育,即使是功利化实用化的教育方法,也包含着深刻的人生道理与智慧。

如说世态炎凉:

无论南北与西东,名利牵人处处同。

杜荀鹤《途中有作》

驱驰歧路共营营,只为人间利与名。

杜荀鹤《遣怀》

豪门有利人争去,陋巷无权客不来。

徐黄《西寨寓居》

投人言去易,开口说贫难。

裴说《旅中作》

如说时光短暂:

易落好花三个月,难留浮世百年身。

杜荀鹤《晚春寄同年张曙先辈》

每岁春光九十日，一生年少几多时。

杜荀鹤《出关投孙侍御》

这些感世、劝世之语中所发之议论，既不是宣讲正统儒家的"修齐治平"的内圣外王之学，亦非传扬纯粹的佛道思想中的离世出尘之思，而是着眼于世情人生，在那个尔虞我诈的物欲世界里，微小生命的生存智慧与呐喊。

被需功能——教师

在唐代，女性是被区别对待的，包括教育。

宋氏姐妹入宫的第二个主要职能是充当女教教师。

那个时候，"女子无才便是德"还没有发明出来杀人，宝钗教育黛玉的那套才德妥协的权宜之策——"你当我是谁，我也是个淘气的。从小七八岁上也够个人缠的。我们家也算是个读书人家，祖父手里也爱藏书。先时人口多，姊妹弟兄都在一处，都怕看正经书。弟兄们也有爱诗的，也爱词的，诸如这些《西厢》《琵琶》以及《元人百种》，无所不有。他们是偷背着我们看，我们却也偷背着他们看。后来大人知道了，打的打，骂的骂，烧的烧，才丢开了。所以咱们女孩儿家不认得字的倒好。男人们读书不明理，尚且不如不读书的好，何况你我。就连作诗写字等事，原不是你我分内之事，究竟也不是男人分内之事。男人们读书明理，辅国治民，这便好了。只是如今并不听见有这样的人，读了书倒更坏了。这是书误了他,可惜他也把书糟蹋了,所以竟不如耕种买卖,倒没有什么大害处。你我只该做些针黹纺织的事才是,偏又认得了字,既认得了字,不过拣那正经的看也罢了,最怕见了些杂书,移了性情,就不可救了。"在唐代还用不上。那个时候,无数美丽的女性可以在美色悦人之外,以自己的内在争夺更为广泛的空间——唐代的男人们的品味似乎更高些,不太喜欢毫无灵魂可言的木美人,因此对女性的存在空间便多了几分不同于后代的宽容。在唐朝寂寞的后宫里,飘出了更多的灵魂吟唱……

玄宗时,赐边军织衣,在宫中制作,有士兵从袍中得一诗曰:

沙场征战客,寒夜苦为眠。

战袍经手作,知落阿谁边。

蓄意多添线,含情更着棉。

今生已过也,愿结后生缘。

德宗时,有红叶题诗的佳话。顾况在洛阳宛流水中得一大梧桐叶上题诗曰:

一入深宫里,年年不见春。

聊题一片叶,寄于有情人。

顾况于是在上游也题诗叶上放在水中。后十余日有人从宛中又得一诗曰:

一叶啼诗出禁城,谁人愁和独含情。

自暖不及波中叶,荡漾乘风取次行。

深宫之中,灵魂的复苏与寂寞,也许只有偶然的文学歌

赋、先贤话语才能给予那些无边的寂寞等待一些慰藉和安抚吧。

但是，她们的文采可不是入宫之前就有的，大多是从学于专业的宫廷教育。如掖庭局教授宫女学习种桑养蚕、工缝等基本的劳动技能；如习艺馆，则"备有经、史、子、集四部书籍和笔札几案，并令有文学才能者任学士，教习宫人学习众艺"；如内教坊，则主要教授宫女歌舞、器乐演奏等专业技能……

同样，上层嫔妃公主们，虽然大多数入宫之前就已具备一些才华与歌艺，但在宫中也可以继续跟随学习……

在一个男人掌握绝对资源的世界里，男人的品味，决定着女人的层次。

被需功能——符号

一个需要重新建立秩序的时代，一个需要重新建立女性价值的时代，德行，徐徐浮出水面。对于德宗来说，宋氏姐妹仅仅充当秘书、教师还不足够，出于政治需要，他又开发出一种新的职能：道德符号。

符号，字典里这么解释："在一种认知体系中，符号是指代一定意义的意象，可以是图形图像、文字组合，也不妨是声音信号、建筑造型，甚至可以是一种思想文化、一个时事人物。"换言之，它是剔除事物的丰富性，凸出一种性质的载体；再换言之，就是把人当成了单性的人,它不能具有任何其他复杂特性,而只能象征它的某个性质。

艳照门事件曾因陈冠希的出庭、张柏芝的大胆访谈再度轰轰烈烈……其实,他们只是在他们的世界里做了一些稍显人类低级趣味的事情而已。不过他们错就错在,他们是这个社会的一种符号——偶像。张柏芝自己就说,因为我是偶像,所以我做错了——但是作为一个人,她无可指责。

北川地震里那位用摩托车驮回妻子尸体的丈夫,曾经在网上以"姐姐,你嫁了一个好男人"的评价引无数网友泪水潸然,但是后又惊爆他再娶新欢、不赡养父母云云。也是因为,在这个普通又普通的男人身上,寄托了一种道德期待的符号。

因此,充当一个社会群体的符号并不是什么愉快的事情,尤其是道德符号。

幻觉本质——境遇

存在主义大师萨特提出了描写人类生存状态的概念——"境遇"。

他的小说《墙》写了这样一个故事:西班牙战争期间,共和党人伊皮叶达和年轻人汤姆被法西斯逮捕,判处死刑。年幼的汤姆面对死亡深感恐怖,喋喋不休。伊皮叶达万念俱灰,极度空虚。结局,渴望生的汤姆被枪决。伊皮叶达被审讯,要他说出革

命军领导拉蒙的藏身之处，伊皮叶达知道拉蒙藏在亲戚家，为了嘲弄敌人，信口说藏在墓地。而事实果真如此。原来拉蒙怕连累逃到了墓地。伊皮叶达因此免除死刑，无意间做了叛徒。伊皮叶达面对这种荒诞结局，泪流满面，纵声大笑。

"立在生与死、善与恶、忠贞与背叛、愿望与事实之间的不可逾越的屏障。被荒诞现实愚弄的人们，永远猜不透对面的风光。"——荒诞！

小说《间隔》则描写了地狱的三个灵魂：一个胆小鬼（男）因为在战场上开小差被抓来处决；一个女色情狂，由于把她和情夫所生的私生子掐死被判处死刑；一个女同性恋，由于煤气中毒而死亡。他们是可以走出地狱的，只不过女同性恋爱着女色情狂，女色情狂爱着胆小鬼，而胆小鬼又爱着女同性恋。都因为彼此的羁绊与撕扯，最后谁都无法走出地狱。

"地狱"象征与美好人性隔绝的精神困境，象征丑恶现实，象征人性恶；而主题则是表达人生存目的的虚无、荒诞，人的绝望，说明所有自私的"唯我论者"永远不能达到愿望的彼岸……

这就是境遇，一个人在那时那刻所处的环境与做出的选择——在这位存在主义大师眼里，任何人的行为都脱不开当时境遇的限制与影响。作为一个人道主义者，他呼吁人们认清境遇，并反抗境遇而"自由选择"。

只是，能做到吗？

在一个人吃人的境遇里，"自由"不过理想而已。《金枝欲孽》里太医提起如妃，入宫时何曾不是纯真善良，与现在的心狠手辣诡计多端相比，判若两人，这都是被这个可怕的皇宫所逼。而在那个权力挣扎最激烈的地方，能生存下来的，哪双手不是鲜血淋漓？

《后宫》里甄嬛再入宫时之所以能赢，是建立在泯灭人性基础上的结果。在那个权力角斗场上，不是赢就得死——"我有些倦，靠在寝宫的妃榻上看花宜插着一束狐尾百合，它的花蕊曲若流霞，有妩媚的姿态，那种粉嫩的红色，像极了暖情香的颜色，那种粉红，几乎是一模一样的。我仔细看着自己套着赤金镂空护甲的纤长手指，有一天，护甲中残余的一点明矾让我瞒天过海，以假乱真。又有一天，我用这只手指的指甲勾起一点暖香的香粉一点一点混入狐尾百合的花蕊，得闲合上花苞，再教给鸢羽在夜间时在盛开的花瓣上洒上一点水，可以延长它美丽的花姿。我知道的，太医会检查花束，却不会打开含苞的花朵去检验它的花蕊。……我想起那一夜许太医的手，他的手上全是来自鹂容身体的热鲜血，我对着光线仔细分辨自己的手，我闻不起一丝血腥气，也看不到一丝血液的痕迹。……然而，我清楚地知道，我双手所沾染的血腥是永远也洗不去了。"

宋氏灰姑娘们平民出身，无依无靠，是被王子需要的宫廷秘书、教师与道德符号。摆在她们面前有两条路：投靠帮派（皇帝、宦官以及以嫔妃为代表的外臣势力），或独善其身。

长姐选择

若莘选择了前者。

她虽然接受德宗的指认站在了二妹若昭的身旁，充当被王子需要的各种角色，但并不甘心。一辈子被这样"纯粹"得被需要，她不甘心，她依然期待灰姑娘的第一种选择：人性的灵魂之爱，哪怕只是幻觉。

人这辈子，也许能看透未来、瞭望远方，却很难看到自己的境遇、自己的眼前。若莘的眼前，是德宗。无论从知己还是从感情角度讲，她都不可能完全独善其身。表面上，她是文学侍从，是道德符号；可暗地里，她是属于德宗的，并且是属于德宗一个人的——"贞元七年（791）诏宋若莘总领秘阁图籍"，她是德宗的心腹，也是德宗掌握后宫、观测全局的眼睛。

而那个时候的后宫，是什么样的呢？

皇后已死，由韦贤妃统领后宫，这位妃子不知何氏族所出，似乎出身亦不显贵，初为良娣，贞元二年，册为贤妃。史称"性敏惠，言无苟容，动必由礼，德宗深重之，六宫师其德行"——是个极为重礼制的妃子。而在德宗的后宫传说里，似乎没有太多嫔妃争宠的传说，只有野史里提及一个叫做王珠的，极其不愿入宫，及王皇后死后，被德宗纳入宫中，虽然极为受宠，但是布衣素食，不愿享荣华富贵，连皇后的名号都不肯要，只要自由，要出

宫。后来德宗没办法，只能把她送出宫，只是规定官员士子不准
娶她。结果有一个明智之士，官也不要了，就要娶这位废妃。后
来恩爱夫妻双双归隐，过了幸福的一生。

不过，以德宗性情而论，这样的妃子恐怕不会活着出宫，
毕竟作为一个重视礼制的帝王，作为一个心胸并不宽阔的男
人，他是不会允许自己曾经爱过的女人快快乐乐地出去过自
由生活的——礼制不允许、环境不允许、按照性格逻辑也不太
可能。

因此，这样的女性凸显，不过寄托一种美好愿望罢了。

对于一个用礼制约束的后宫，纵然明争暗斗，亦不可能太过
张扬，何况有德宗心腹若莘的暗中"掌控"。众位妃子娘娘都知
道这位老师是皇上身边的人，虽然可能知道两人关系亲密，但是
再亲密，皇帝也明说了，名分已定，她不可能再做嫔妃，因此，跟
自己争宠的可能性就不大了。于是，在众多派系斗争里，若莘成
为被拉拢的对象。

当然，既然是皇帝心腹，既然存在恩宠，女人的醋意，就不可
避免。

元和末，若莘卒，赠河内郡君。

《旧唐书（卷五十二）》

她活到了宪宗末年，终年六十五岁——在那个纷乱更迭的
时代，在那个可怕的权力场里，能寿终正寝，是因为运气不错。

如果按照历史发展的逻辑，作为"德宗的人"，她其实应该死
于"永贞革新"。

政治巧合

德宗在位二十六年，一生求索于恢复秩序，只是屡战屡败。无法构架起和谐的君臣关系、无法摆平藩镇自治、无法礼治天下的他，最终选择了敌对与防备，无论是宦官的上位，还是后期的财物聚敛，以及猜忌无常的性情，都是因无望于太宗盛世后的歇斯底里——回天无力，恐怕是悬在中唐诸帝头上的斯巴达之剑：土地集中、朋党之争、藩镇割据、宦官专权，这是谁也没办法解决的矛盾。

作为后继者，他的儿子顺宗开出了另外一服药方：永贞革新。

顺宗为太子时就意图改革，并与东宫幕僚王伾、王叔文志同道合。同时，刘禹锡、柳宗元、程异、凌准、韩泰、韩晔、陈谏以及陆质、吕温、李景俭等，也都与二王相结，最终形成一个以"二王刘柳"为核心的革新派。

由于革新派采取了罢宫市（德宗以来，宦官经常借为皇宫采办物品为名，在街市上以买物为名公开抢掠，称为宫市）、取消进奉（节度使通过进奉钱物讨好皇帝，有的每月进贡一次，称为月进，有的每日进奉一次，称为日进，后来州刺史，甚至幕僚也都效仿，向皇帝进奉）、打击贪官等政策，史载"人情大悦"。是的，这些措施是很"正"的，它体贴民心，符合封建士大夫的执政理念,只是我们不要忘记,德宗刚刚继位时,也是这么做的。

他像所有封建制度的君王外皮一样:勤俭节约,外臣的供奉他统统都扔了出去,还把进贡的人骂了一顿;君臣和谐,当时宰相病了,他亲自去看望,还说出什么"国家倚重"的话来。说句良心话,他努力过,或者这么说,他被那些封建"帝范"忽悠过。

后来血的教训让他终于清醒了——原来那些东西是中看不中用的。自古帝王术跟所谓贤君是两回事,你再俭朴再贤良,藩镇造反的时候,你就是拿不出钱来。

历史就这么荒诞,评判战争失败的直接原因很简单——没军费,于是军情哗变。

你"贤"了又怎样?

太宗的那本《帝范》,只是在国力强盛、君威天下时的一种自觉表率,现在,不是时候。

德宗终于意识到了,也终于懂得了如何现实地做一个帝王,只是大错既成,他只能寄希望于子孙。因此,他才会这么贪婪地聚敛财富,对于节度使的进贡唯恐不够,对于地方军权唯恐不够分散,故意找了 N 多宦官来分享权力,他的希望,是后来。

可惜顺宗没明白,他看到父亲的弊政,却没有明白父亲的用心,他一如父亲当年一样,憧憬于先辈的"帝范"、先辈的贤君,被封建士大夫的那些价值理念忽悠住了。

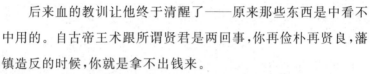

其实，这只不过是统治集团内部利益的一次权力争夺而已，革新派本身就与顺宗深为宠信的宦官李忠言交情甚好。他所针对的宦官，只不过是从前老爹身边的权势人物俱文珍，一朝天子一朝臣，新天子上位，执政思想又跟从前大不相同，自然要剔除所有碍眼的政敌，包括深居后宫的前朝心腹，若莘。

141

她知道得太多了，必须死。

但是她运气很好，顺宗还没来得及收拾这位宫中"旧人"，就先去见老爸了。这位皇帝做了二十多年太子，其实也是个彪悍人物，在"泾师之变"里敢持剑为逃亡的父亲殿后，在皇帝父亲的数次猜疑里，终于战战兢兢活了下来。虽然太子这职业实在不是人干的活，可他偏偏又干得时间过长。本来，一群伺机攫取利益的权臣，一个抱着帝范要做"明君"的帝王，大戏将要开演，历史的车轮将要滚滚风动，若莘将要成为车下的那个蟑螂或者蚂蚁的时候，突然，顺宗中风，一切戛然而止。

现实是，一个病得不能说话的皇帝，一群急于夺权但政治斗争经验并不丰满的权臣，失败，是必然的。

永贞内禅。

贞元二十一年(805)三月，宦官俱文珍、刘光琦等人联合剑南西川(今四川成都)节度使韦皋、荆南(今湖北江陵)节度使裴钧等人，迫使顺宗立长子李淳(李纯)为太子，八月禅位，是为宪宗。

意外幸运

这位宪宗是什么样的人呢？

当王叔文一伙借着侍读的机会向太子灌输自己的理念的时候，太子说："先生讲读就讲读，请不要谈其他的事情。"

"请不要谈其他的事情。"

宪宗不认同父亲。

也许是机缘巧合，当年德宗把他抱在怀里的时候，他自称"第三代天子"。人间仿佛注定要有这样的一位皇帝横空出世，爷爷德宗攒下的那些基业与理念，注定要由这位帝王来继承。

这位帝王做到了。

元和元年（806），西川节度使刘辟叛乱，镇压成功。

元和十年（815），对不听指挥的淮西用兵，淄青节度使李师道捣乱，派人刺杀大臣，骚扰长安，这都没有动摇宪宗用兵的决心。

终于，三年而淮西平。元和十三年（818），宪宗对李师道用兵，其下属刘悟杀李师道，淄、青、江州地复为唐有。

元和十四年（819）七月，宣武节度使韩弘入朝，表示臣服。

这位帝王终于完成了德宗的心愿，起码在形式上解决了藩

镇割据的局面，完成了李唐王朝的再次统一。

后人对他评价很高，说他致使"中外咸理，纪律再张"，出现了"唐室中兴"的盛况。传说当年太宗碰到过一位老道士，问询自己天下的时候，老道士说出三个人物：太宗、玄宗、宪宗——可见，宪宗历史地位之高。

不过历史就是历史，当我们回头看时，宪宗弊政其实很多，甚至比祖父还多。从他开始，朝臣朋党愈演愈烈，几乎无法遏止，宦官在他这里掌握了真正的实权并被制度化，甚至他自己都是被宦官神秘弄死的⋯⋯

但是不管怎样，那都是历史大人物，我们的若莘以及宋氏姐妹，因为这么多机缘巧合，幸而没被历史的车轮碾碎，宪宗执行的理念跟祖父相似，面对祖父曾经赏识并且宠幸过的一个小小尚宫，他不会太过提防，毕竟，她们宋氏姐妹三个一起，是崇尚礼制、恢复君臣伦理秩序的一种象征、一种标志。即使若莘是前朝之人，这个符号就足可以抵消那些小小的猜疑与不快，当然，还有一个重要的原因——他需要。

别误会，他对自己祖父宠幸过的几个女人可没什么兴趣，只是，如果动若莘，若昭就免不了受到牵连，伤筋动骨，他不能这么做。因为，他的身边，有个势力过强的老婆——郭贵妃。

这位贵妃是郭子仪的外孙女。

唐朝自武则天以后最忌讳的就是后妃干政，而这位贵妃的势力实在太过庞大——宪宗想立长子为太子，但没几天就莫名其妙死去，而二皇子出身低贱，大臣们死都不同意，最后只能被迫立这位贵妃所生的三皇子为太子。而大臣们数次上书，要把

143

贵妃扶正,都被宪宗忽悠时辰忽悠地方地拖延着,《旧唐书》的解释是因为皇帝后庭"多私爱",怕贵妃当了皇后,干涉他宠幸其他女人,其实是因为宪宗对这位势力过大的妃子一直存在警惕之心。

宋氏姐妹,这么一个崇尚"妇德"的道德楷模、一位后宫妃嫔的"师傅"的存在,总会让这位骄狂的贵妃知道那么一点点分寸。

而对于皇帝来说,即使那么一点点"需要",也足够让若莘活下来。

《通鉴》里记载了这样一个故事:宣宗继位以后,因为怀疑郭太后参与了谋害宪宗的密谋,又加之郑太后本是侍候郭太后的小婢,她们之间有宿怨,因此,对待郭太后的礼遇特别薄。郭太后为此快快不得意。有一天,郭太后登上兴庆宫的勤政楼,企图跳楼自杀,宣宗得知情状,勃然大怒。这天夜里,郭太后便身亡了。

郭太后,就是宪宗当年的郭贵妃。

贵妃生的孩子是第三子,而宪宗立其当太子以后,却还时时刻刻想改立二皇子,是这种暧昧不清的态度要了他的命。有人的地方就会有帮派争斗,贵妃党实在太怕他改变主意,而他自己又为了长生不老坚持不懈地服毒,于是便趁他身体衰亡之际,乘虚而入夺取了政权。宪宗莫名暴亡之后,贵妃的儿子李恒继位,是为穆宗。

皇帝这个职位,要难做是真难做,但是要好做也很好做。面对无力改变的局面,很多帝王选择了挣扎,但是更多的,是逃避。

穆宗是个坏皇帝，奢侈放纵，四年之内就把自己给玩死了。长子敬宗继位，也不甘落后，拼命享受皇位所给予的特权与快乐，奢侈荒淫，三年就命丧宦官之手。接着是二皇子李昂继位，这位君主有帝王之道，却无帝王之才，虽然终生极力向封建士大夫的贤君靠拢，但是最后还是因为政策不当、实力不济，十四年之后抑郁而终。接着，是其六弟李瀍继位，是为武宗。这位帝王以迫害佛教而闻名，估计在佛教历史上应该是魔王一类的描述，不过客观地说，虽然他也如自己的父亲哥哥一样喜爱游乐，但是并不糊涂，执政水平应该算是中上，可惜六年就去世了。

接着，就是宪宗的儿子，穆宗的弟弟，敬宗、文宗、武宗的叔叔，唐宣宗继位。

别的皇帝可以不计较宪宗暴亡那段公案，因为他们的荣华富贵都是建立在宪宗暴亡的基础上的，可是宣宗不能不计较，因为那是他老爹。而郭太后，又欺负他老妈，君子报仇，二十七年都不晚。

有意思的是郭太后的反应。

郭氏的心里，未必没有梦见过宪宗，但是皇权的力量太大了，家族、子孙以及荣华，她抵不过也抵不住。宣宗的冷遇，那勤政楼的一跳，未必不存有"让我死吧"的焦虑与冲动，只是，如果宣宗换副态度，她依然会活下去，以尊贵的皇太后名义……

人性，就是这么奇怪，这么复杂。

四妹选择

所有一切，都是戏。

元和末年，在宪宗驾崩之时，若莘离世。

我们且看诸帝的派别斗争：顺宗跟德宗是反着的，宪宗跟顺宗是反着的，穆宗敬宗文宗跟宪宗是反着的。我们再看诸帝的执政思想：顺宗跟德宗是扭着的，宪宗跟德宗是一脉相承的，穆宗跟敬宗是一脉相承的，而文宗跟穆宗敬宗是扭着的、跟顺宗是一脉相承的。

若莘，历经德宗、顺宗、宪宗，终于宪宗末年，死后封尊号。

若昭，历经德宗、顺宗、宪宗、穆宗、敬宗，终于敬宗年间，生荣死哀，备受尊重。

若宪，历经德宗、顺宗、宪宗、穆宗、敬宗、文宗，终于文宗时期，被赐死。

说明了什么呢？

其实，虽然三人都是备受尊崇的女教教师、道德楷模，但是真正的核心，只有二妹若昭。

若莘是先帝德宗的心腹，之所以没被政治斗争碾死，是幸运而已，但并不代表她的选择是正确的。她的错，在于她不甘心清醒地"被需要"，而妄求人性，因此投靠到了帮派（德宗），

离权力核心过近，只是这次死神格外开恩了过去，让她多活了几十年，并寿终正寝。但是她自己知道吗？也许知道，也许……不知道。

但是四妹若宪，一定不知道。

这位才女入宫之时才十三岁，一直延寻着的，是长姐的足迹而非冰冷的二姐的，只不过她没有长姐的运气，能获得德宗的一时共鸣与寿终的机会。她就生活在权力场，每天离那个核心很近，家族都在看着她，名誉、尊贵以及权力的诱惑实在太大——她踏了进去。

文宗好文，以若宪善属文，能论议奏对，尤重之。

《旧唐书（卷五十二）》

这是一个极为危险的诱惑——如果说若莘从前是暗地里介入，那么若宪则是明目张胆地踏入了政治权力的角逐场。

在一个单位里，如果你一无靠山二无背景，如果你资历并不够硬，如果你才能亦非凸出，但偏偏因为一个特殊的原因最为领导所看重，因此能参与重大事件的抉择，那么恭喜你，离灭亡不远了。

大和中，神策中尉王守澄用事，委信翼城医人郑注、贼臣李训，干窃时权。训、注恶宰相李宗闵、李德裕，构宗闵憸邪，为吏部侍郎时，令驸马都尉沈𫠗赂于若宪，求为宰相。文宗怒，贬宗闵为潮州司户、柳州司马，幽若宪于外第，赐死。若宪弟侄女婿等连坐者十三人，皆流岭表。李训败，文宗悟其诬构，深惜其才。

《旧唐书（卷五十二）》

若宪毫无意外的,死于政治斗争。

文宗跟顺宗一样,是个更倾向于封建士大夫的皇帝。当年德宗利用家奴宦官来权力制衡,谁曾想养虎为患,宦官势力坐大,并且跟外臣内外勾结,严重影响了皇权的威信——如果你是皇帝,该怎么做?

其实真正的管理者,应该明白两者互相制约有互相制衡的关系,应该想办法利用这种制约与矛盾把权力控制在自己手中,可惜,文宗选择了支持一方打倒另一方。

非正途入仕的士大夫李训、郑注受到重用,开始排挤并打击跟宦官势力有勾结的外臣,只是权贵太多,一时难除,只能借机行事。

皇帝要找你麻烦,你还跑得了?

当时宰相李宗闵因为解救京兆尹杨虞美卿获罪遭贬,李训又告发其入相之时贿赂过驸马、宦官以及若宪,让他们在皇帝面前说好话。于是,若宪等十几人获罪,宦官杨承和等被流放,驸马是皇亲,不好处以极刑以及一切有生力量,只有若宪最倒霉,除了自己赐死,亲属十三人都被流放岭南……

有势力的宦官,只是流放;有关系的驸马,只是惩罚;只有若宪,本来只是说了几句好话而已,可是谁让你最没背景和靠山呢?谁让你只是皇帝的一颗棋子呢?历史本来就很残酷,权力斗争中替罪羊只有最弱者来充当。

这,就是后宫的真正面目。

若莘,不知道,但是很幸运;若宪,不明白,只能被赐死;而只

有若昭,从独居庭院不肯受宠的那一刻开始,她已经清醒地意识到,这是个多么可怕的角斗场。

二姐选择

当《霸王别姬》里关师傅狂怒地毒打小豆子和小癞子时,戏班中其他孩子有的低声哭泣,有的于心不忍,只有小石头(段小楼)默默注视——他"始终是这一景观中默契而虔诚的协作者。这不仅表现为他的投入和忠勇:在头上'拍板儿砖'为师傅解围、勤学苦练,而且更多地表现为他深谙其中的'游戏规则',胜任甚或愉快地配合其完成。总是'欢天喜地'地为师傅合理的或不合理的惩罚搬取刑具、戏谑式地或真或假地喊疼并大声为师傅叫好、一次又一次地在严冬的雪地里受罚跪,视其为天经地义的事情……"。

无论戏班、无论公司、无论单位,只要存在利益,就是一个由人组成的权力场,输了的人、不肯合作的人都会被淘汰出局;而在皇宫,这个权力场更可怕就在于,输了只能去死,并且会连累宗族亲属一起灭亡。

灰姑娘嫁给王子,你当是好事?

当宋氏一家欢天喜地送姑娘们入宫时,当长姐四妹欢喜若狂沉浸在这份意外的荣耀里时,只有若昭心里是清醒的。一个无权无势无色的平民姑娘,骤然入宫,甚至蒙受宠幸,都是皇帝需要,并且不是某个具体皇帝的需要,而是这个巨大的权力体制的需要——一个象征、一个标志、一个模范、一个符号。

什么爱情、什么恩宠,都是做梦。

男人们做事情,都具有极为强烈的功利心——MM 们切记毛主席教导我们的话:"这个世界上,没有无缘无故的爱。"

她拒绝了德宗的宠幸,可不是因为所谓"我要献给所爱的男人"的爱情狂式的理由,而是因为要想长久地扎根在这片红色的围墙里。她知道,投入任何一派,都会引火烧身——在皇宫这个可怕的权力结构里,想活下来,只能永远被需要,并且不是被某个人(即使是皇帝)需要,而是被这个皇宫需要,被这个吃人的权力场所需要。

而若昭明白,只有儒家妇德的道德楷模,才是这个体制永久所需要的。皇帝个人的心腹,会随着改朝换代、一朝天子一朝臣而灭亡(如若莘);纠缠宦官与外臣的帮派斗争,则会随着互有伤亡的惨烈争斗而成为最先毁灭的牺牲品(如若宪)。因为,你无依无靠。

最好也是唯一的方法,就是站在你应该站的位置,成为你应该成为的人,永远被需要。

穆宗以若昭尤通练,拜尚宫,嗣若莘所职。历宪、穆、敬三朝,皆呼先生,后妃与诸王、主率以师礼见。宝历初卒,赠梁国夫人,以卤簿葬。

《新唐书(卷七十二)》

"梁国夫人"。

按照唐朝外命妇制，封赠公主以下至五品以上高官母、妻本人有特殊功业者："一品及国公母、妻过为国夫人，三品以上母妻为郡夫人，四品母妻为郡君……"；"凡妇人，不因夫及子而别加邑号，妇人云某品夫人，郡君为某品郡君……"。

长姐若莘不过是四品郡君，玄宗时期杨贵妃荣宠一时，其姐妹也不过封国夫人，而这位平民出身的五品尚宫，居然封到了唐朝外命妇的最高品阶！

151

"以卤簿葬"。

她的下葬，是要有仪仗队的荣耀的，并且《唐会要》记载，敬宗除了令有司准备供仪仗外，还特诏赐以鼓吹。你要知道，只有在举兵起义时有大功于唐朝建立的平阳公主去世后，才有鼓吹下葬的特例，而居然加之于这样一位平民出身的后宫女官身上？

我们很难确切知道，这位传奇女子究竟做了什么，能在那么诡谲的风云里生存下来，并且生前"历宪、穆、敬三朝，皆呼先生"，死后获取不同于一般女子的殊荣。我们能感觉到的，是她清醒地站在那里，远离权力的争斗，亦远离名利的诱惑，甚至拒绝了来自人性的爱情橄榄枝，而只作为符号出现、出台、出面……

意象里，她淡远地微笑着，眼睛里全是看透世间无常的沧桑，那岁月的刻薄爬上了她的双颊，删除了所有属于女性的独特魅力。只不过，这并不重要，她是帝王后妃之师，是这个鲜血淋漓的体制里，那唯一的体面所在。

她得到了，在剔除了长姐那午夜的悸动的基础上，在剔除了四妹那权力与利益的家族寄托之上，她删除了人性的一切欲望，获得了"立德立言立功"之不朽。寻寻觅觅里,姐妹五个中,只有她,才是儒家传统的真正传人。

但是,清醒又如何?

风从窗子里进来,对面挂着的回文雕漆长镜被吹得摇摇晃晃,磕托磕托敲着墙。七巧双手按住了镜子。镜子里反映着的翠竹帘子和一副金绿山水屏条依旧在风中来回荡漾着,望久了,便有一种晕船的感觉。再定睛看时,翠竹帘子已经褪了色,金绿山水换为一张她丈夫的遗像,镜子里的人也老了十年。……

张爱玲《金锁记》

值得吗?

君子心语：

　　灰姑娘的故事一直以来是女人们的永恒向往，从古至今被 MM 们意淫无数，可是你曾想过，王子公主结婚以后呢？——童话很美，爱却很残酷。

大小周后：五代十国时期的一对姐妹花，出生于南唐贵族家庭，皆美貌如花，且善才艺、精歌舞。姐姐大周后尤其善弹琵琶，堪称南唐一绝。十八岁时嫁给南唐六皇子李从嘉（后名李煜），郎才女貌，婚姻幸福美满。公元961年，文人才子李从嘉阴差阳错被推上了皇位，她也由此变成了南唐皇后，只不过，精通史书的她并没有去做贤后，而是拉着李煜一起沉浸于歌舞艺术。而此时的南唐已经江河日下，内外交困之际，李煜也逃避在妻子设置的艺术世界里。不久，大周后病倒，年轻美貌的妹妹小周后去探视，与姐夫李煜一见钟情，私下结成欢好。大周后得知后愤怒离世。小周后遂得入宫，三年之后被立为新后，此时的李煜更是耽于享乐，昏庸无道，几年之后南唐即被北宋攻陷。李煜作为降臣带家族北上，先是被宋太祖封为"违命侯"，后来小周后又被宋太祖占有。李煜在宋朝首都汴梁度过了一段屈辱难堪的日子之后，终于在公元978年病死家中，紧接着，小周后也随之去世。

大小周后：认识你自己

关于"男人有钱就变坏"

　　不久前,身边一对夫妻朋友刚刚结束一场当下最流行的电视剧桥段——男方升职以后有了情人,被妻子发现后还理直气壮,于是争吵、折磨、谈判,最后分手。女人已经年过中旬,经历此次感情浩劫后,除了钱一无所有,终日面容枯槁,以泪洗面,逢人便祥林嫂式地喃喃:"果然,男人有钱就变坏……"。

　　男人有钱就变坏?

　　当今社会,这似乎已成为一种定律并愈演愈烈,有人说这是由男人的动物本质决定的。人都有"爱美之心"、都有喜新厌旧的本能,当这种本能的诱惑来临时,男人就会在夫妻感情、道德责任里挣扎徘徊。责任感强的人会选择后者,但当下社会更多意志薄弱的人选择了前者,因为男人本身就是一种用下半身思考的动物,没变坏的男人都是因为没机会变坏,只要有机会,连没钱的男人都未必靠得住。

　　有人说,这是纵容惹的祸。正如盖茨夫人容忍丈夫婚外恋、林凤娇原谅成龙的"小龙女"、维多利亚置贝克汉姆众多丑闻于不顾,没完没了地秀恩爱一样,很多女人对于升级了的丈夫存着"宽容"心理。男人有钱想变坏,而妻子又为了金钱利益认同并容忍了这种变心,以维持外表繁盛的婚姻,得到物质上的安全感,结果就是,在妻子的"允许"下,男人会在变化之路上越走越远。

经济专家们说，这是资源不对称："结婚时的资源是双方平衡的。导致男人婚后是否变坏的因素至少有三个：双方各自的资源总数；二者分别再婚的成本；二人间的感情因素。大家知道，女人的美在减少，而此时男人的资源在增加，不平衡就产生了。同时，男人的再婚成本越来越低，女人的会比较高些。如果他们恩爱有加，这种不平衡会随着感情注入恢复平衡：此时，离婚的成本增加了，男人的资源就相对地减少了。如果感情不足以弥补这个缺陷，男人就会变坏。此时，男人心里的不平衡是：资源不对称。"

于是，越来越多的女性开始理性、开始现实，她们放弃了对于爱情的持守与男人道德的幻想，而把更多的注意力放在了如何预防"男人有钱就变坏"的谋略上。同时，还有太多的热心人支招，教你如何保存实力，如何离婚时达到利益最大化，如何拉住男人的心……而那冷静理性的背后，是凤姐的精打细算与宝钗式的冷漠。

其实，我也承认，在一个真实的男权社会里，如果夫妻双方构成的某种平衡突然被打破，性别优势的一方自然会凸显动物性的一面，而这份不平衡很可能就演化成资源之间的争夺，最后以两败俱伤告终……

但是，我们不要忘记，这所有的分析都是建立在"人性异化"的基础上的。动物说里，男人们成了一种毫无道德水准的下半身动物；资源说里，夫妻双方是资源对称的一种平衡；纵容说里，是纵容男人变坏的女人们自动把自己降低到"物"的层次,用尊严换取金钱利益——这都是在把人自动降低到"物"的层次上,把婚姻爱情看成交易,一种赤裸裸不带温情的交换……

但是事实果真如此吗?

从前,或者就在不久以前,那些冷酷我还拍案称快过,我总想,当毫不设防的我们直面这个世界的"残忍的真相"时,冷酷未必不是保护自我的一味良药。就像自己年少时期迷恋的张爱,那个深刻入骨髓的女人,因为看透而显得无尽的苍凉,可后来我却发现,不是这样的——有阴影,是因为背向阳光。

很多时候,我们自以为是的那些真相,只是一个无法走出自我的傍晚,真实的世界应该是黑白交织的——那阳光灿烂的美好、那微微发光的良善,就存在于生活里的琐屑里,存在于人性纠结的痛苦挣扎里,存在于黑夜的迷茫中……

而我们真的了解过这个世界的真相吗?

我们真的了解过他人吗?

我们真的了解过自己吗?

当每个人,在自我满足里编织着春秋大梦时,穿透那层膜,也就只差那一步而已。

黛玉嫁给了宝玉的完美童话

这是一个有关勇气的故事。

在大周后躺在病床上奄奄一息时，她相信，那完美的爱情依然在继续，她那短暂而绚烂的一生，似乎都是为了成就这份风花雪月的浪漫。而此后一切的一切，都是为了维持这一爱情理想，只是万万没想到，戳破这个泡影的，竟是自己那天真烂漫的妹妹。

她曾经是拥有过真爱的，她跟南唐李家的六皇子李从嘉见了第一面，年少的李从嘉就对倾国倾城的大周后产生了倾慕。

云一缂，玉一梭，澹澹衫儿薄薄罗，轻颦双黛螺。

秋风多，雨相和，帘外芭蕉三两窠，夜长人奈何！

《长相思》

那青春的美貌，那薄薄的罗衫，那哀愁的神情，那淡扫的娥眉，成为少年心里的梦。

结婚以后，少年恩爱得蜜里调油。

晚妆初过，沉檀轻注些儿个。向人微露丁香颗，一曲清歌，暂引樱桃破。罗袖裛残殷色可，杯深旋被香醪涴。绣床斜凭娇无那，烂嚼红茸，笑向檀郎唾。

《一斛珠》

新娘刚刚料理好晚装,正拿起镜子欣赏自己的容貌,突然发现丈夫从旁偷看,不禁调皮地吐了吐舌头,并轻哼一曲解嘲。夫妻二人把酒助兴,大周后喝醉了,于是斜倚在秀床上,将嚼烂的红绒唾向丈夫……

暂时离别,是两地相思的天涯咫尺。

一重山,两重山,山远天高烟水寒,相思枫叶丹。鞠花开,鞠花残,塞雁高飞人未还,一帘风月闲。

《长相思》

秦楼不见吹箫女,空余上苑风光。粉英金蕊自低昂。东风恼我,才发一襟香。琼窗梦口留残日,当年得恨何长!碧阑干外映垂杨。暂时相见,如梦懒思量。

《谢新恩》

大周后是懒得梳妆的“如梦懒思量”,李从嘉是“山远天高烟水寒,相思枫叶丹”……两人遨游在艺术天堂里,一起把话诗词,填词作曲,唱歌跳舞,并且利用自己的聪明智慧大力开发游戏事业——如今流行世界的扑克纸牌,便是大周后首创的“叶子格”的延续。

世间童话莫如黛玉嫁了宝玉,完美浪漫地生活在一起,但不像现实……

看透才在行云流水间

161

有MM问：我咋就不能遇到那么浪漫完美的爱情呢？

MM看谁浪漫完美了？

呃……韩剧里，琼瑶小说里，到处都是。

哦……那是演戏，他们靠喝风过日子，靠谈恋爱找工作，可咱们毕竟是正常人……

尽管李从嘉跟大周后是黛玉嫁给宝玉式的完美浪漫，但也是建立在"富贵"基础上的。马克思老人家说经济基础决定上层建筑，如果没人用钱养着，大周后估计就得去学卓文君卖酒。大周后命好，周家很有钱，甚至比皇帝都有钱，因为她有个活得很"轻"的老爹——周宗。

这个家伙开始是南唐创始人李昪手下的谋士，当时李昪是杨吴政权的权臣，内心很想篡位，一直挣扎犹豫着。有一天，他对着镜子跟身边的心腹周宗说："我的功业已经完成了，可是我也老了。唉，这该怎么办呢？"周宗立刻明白了主子的意思，马上召集群臣号召杨氏禅让，但是遭到了另外一个谋士宋齐丘的阻拦。阻拦的动机很简单，因为主意不是他首先提出的，到时候功劳肯定给周宗的多，于是上书劝阻，要李昪杀周宗了事。李昪有点下不了台，差点顺着宋齐丘的意思宰了周宗，幸好被其他大臣拦下。

周宗马屁拍到马腿上,差点做了李昪虚伪的牺牲品,回来以后却半点也不介意,一如既往地继续拍,直到把主子拍到皇位上为止。

　　这实在是一个有趣的人。

　　偌大历史舞台上,充斥着的往往是忠臣烈士、奸臣佞子,是道貌岸然的皮里春秋、血雨腥风的攻击杀伐,那些熙熙攘攘的叫喊,那些正义凛然的表现,无不围绕着这个以权力为核心的等级世界。而只有周宗——主子登基,该论功行赏以他为大,却没有给什么重要的职务,连从前服侍他的仆人最后都升成了他的上司,相遇时居然也不尴不尬,神色坦然;跟国老权臣宋齐丘不和,索性不在朝廷里跟他上演"与人斗,其乐无穷"了,跑到外地去做节度使,最后干脆以司徒职务退休,专心一意地做起生意来,以致聚资近亿……

|162

　　史书评价他"宽厚",但他那位一辈子的政敌宋齐丘却一语道破天机——"君大黠,来亦得时,去亦得时。"这是一个真正看透了世事的人。当然,也只有真正"看透",才会"不要脸",因为不在乎——主子的喜怒哀乐、权力的明争暗斗,跟自己有什么相干? 不过互相利用,何必认真? 人间世事,行云流水尔!

　　正是这种态度,最终赢得了南唐皇室几代人的尊敬。先主李昪和他的儿子李璟都能明白,在偌大的官僚臣子里,也许只有这么一个"嬉皮士"式的人物,才真的能跟皇家坐在对等的位置上,而对等,哪怕仿佛间的对等,也能让人感觉安全些。因此,李昪"待宗尤亲厚";李璟当着群臣的面给这只老狐狸"摺袄头脚"……

　　大周后,就是出生于这样一个家庭。

命运总是半点不由人

李从嘉却正好相反,他的父亲是南唐中主李璟,一个活得太"重"的皇帝。

他的一生,都是不快乐的。

作为嫡长子,皇帝这个职位是手到擒来,命中注定。他登基后,兢兢业业,却让文人在政治面前的苍白无力愈加凸显。南唐江山在他的手里,江河日下,最后不仅开拓不成,反而丢掉了长江以北的大半江山,他内心的那份挣扎与痛苦、愧对祖宗的内疚与悔恨,是不足与外人道的。

起初的起初,关于皇位,他是真心推脱过的。作为专业的皇室继承人,儒家,他读过,历史,他懂过,帝王术,他更学过,而正因为黑白皆知,皇帝素质需要什么,可以说没有人比他更了解,只是他天性所限,真的真的不合适,所以他才推脱,认真地推脱。

但是命运的荒诞就在于,他的推脱反而成就了他的帝位,那一辈子忽悠别人的老爹,最终忽悠了自己。李璟最终还是登上了皇位,而就像他先前直觉的那样,他终究不合适了一辈子。那属于个人的诗词爱好化作了政治嘲笑的对象;那宽厚优容的平等,成就了臣下的恣肆妄为;甚至连那"小楼吹彻玉笙寒"的真挚动人,都成了丹青史书上的昏庸把柄。

因此他把所有希望压在了自己的长子弘翼身上,这个儿子恰好具备了他本身所不能具备的优点：不善文辞，沉默寡言，英明果断，心狠手辣——是一名典型的现实主义者。江山交给他，李暻是放心的，因为他不合适了一辈子，所以才知道什么叫"合适"。

但是过犹不及，也许是在这个儿子身上寄托了太多的厚望，同时也赋予了太多的急切之心，儿子身上的那些"黑夜素质"实在太过明显——当弘翼杀掉那几千吴越俘虏之后，他拿着球仗，指着儿子说："你等着，这个位置就是传给你景遂叔叔，也不会传给你！"

谁曾想，这句话要了景遂的命，也要了他儿子弘翼的命。那位具有专业政治家素质的弘翼使用了可怕并且惯有的宫廷阴谋，派人毒杀了自己的叔叔景遂。死状惨不忍睹，未曾入殓，便

|164

已全身溃烂……弘翼不是有意的，只是他太想得到这个皇位，父亲那"兄终弟及"的扬言，简直成了他成长中的噩梦，而这种噩梦激发了他内心的"黑夜素质"，像历史上所有应该伟大英明的君王一样，他决定杀人灭口，永绝后患。只不过，没想到，这些手段用得实在太过激了，而他又太年轻，年轻得来不及承受这些毒辣手段的后果。他看到了叔叔溃烂的尸体，那曾经慈爱宽和的脸，变成了流着脓毒的烂肉——一如自己那被权力腐蚀过度的内心。

于是，精神崩溃。

一切，仿佛命中注定。这么多蹊跷的巧合，似乎只是为了成就那场风花雪月的悲剧——弘翼死后不久，李从嘉被推到了历史的前台。这其实是场错位，他不过是李暻第六个孩子，大哥弘翼英武过人，皇位后面还有很多兄长排着队，本来无论如何也是

轮不着他的,就连父亲李璟都从未把这个孩子当作继承人来看待过。一直以来,他仿若逍遥的富贵闲人,畅游于诗情画意的美丽境界里,但是阴差阳错,太子暴亡,其他哥哥们皆非嫡子,最不可能成为皇帝的他,却成了南唐之主。

这个决定,这个时刻,无论对李从嘉本人还是对南唐,都是一出悲剧。

165

生命不能承受之转换

多年前看村上春树的《挪威森林》,总以为自己是直子,青春的梦幻因为审美的极端,总不肯去破灭它;但是很多年后,当自己走出了那片挪威森林,我想,绿子也可爱,不过我们大部分人,是渡边。每个理性的人,似乎都要经历成长的挣扎与苦痛,都要从那个至纯至美的境界走向现实——最后,宝玉还不是娶了宝钗,再深刻的爱又有什么用呢?

男人会更加现实,因为社会给予他们更多,相对地,让他们承担的也更多。当那个现实世界的权力魔方降临时,没有人会不向前去。

李从嘉是个凡人,也是个男人。当他披上龙袍君临天下的那刻起,他就不再是李从嘉了,他叫李煜。

大周后知道吗?知道的。

但是她依然"好音律",拖着丈夫沉浸在艺术世界里。《南唐书》说:"后主以后好音律,因亦躭嗜,废政事。"

差点让他连政事都荒废了? 按照道理来说,这位大家闺秀既然"通书史",贤后该怎么做,她应该是知道的,即使做不了长孙皇后,像班婕妤一样劝皇帝老公勤政爱民总行吧? 但是她却做出了相反的举动,为什么呢?

她是在逃避。

就如所有处在变坏预备中的妻子一样,对于身边这个男人的微妙变化,以她的聪颖,绝对不会不心领神会——世界的另外一扇门,已经打开。只是,她拒绝去面对。黛玉嫁给宝玉的幸福,是只限于大观园里的;当宝玉变成了贾政,当李从嘉坐上了最高权力的宝座时,她本来应该从一个文人的妻子转向"皇后"的,但是她不肯。

因为如果她真的认同"皇后",就意味着她要仰视从前的李从嘉,意味着他们之间不再平等,还意味着别的女人的进入——从前他们是地球对火星,而现在,却要地球对太阳,她必须忍受其他女人环绕着这个从前只属于她自己的男人。她不甘心,也不愿意。于是,她拒绝面对,连同"皇后"这个角色。

而这种微妙,李煜(李从嘉)明白吗?

明白,且配合。

因为他同样在逃避。

外面强敌不可挡

李煜继位的时候，北方的宋国，正旭日东升。

公元 960 年，后周大将赵匡胤陈桥兵变，黄袍加身，夺取帝位，建立宋朝。据说听到这个消息，活了八百年的老家伙陈抟高兴地从驴上掉了下来，拍手说："从此天下太平矣！"

这种传说是不是赵匡胤派人造谣，暂且先不论，但"天下太平"四个字却真的反映了当时天下苍生的心声。自唐末王仙芝起义以来，五十多年动乱，英雄的攻伐血杀，遭殃的都是平民百姓，所谓"宁为太平犬，勿为乱世人"。在面对战争的残酷时，生命往往会出现可怕的诡异——黄巢起义时，没吃的了，干脆把人肉当军粮；另一位军阀秦宗权，干脆专门吃起人肉来，并且还吃出了专业，吃出了水平，发明了腌制人肉的专业技术……仿佛上天垂怜，统一的因素在五代十国的混战里逐渐堆积，历史选择了赵匡胤。

首先人家占"人和"，出生草莽之间，"既长，容貌雄伟，器度豁如，识者知其非常人"。会武功，有谋略，投身后周开国皇帝郭威麾下，因战功卓著而受到赏识。据传，在当时周唐大战时，还救过周世宗柴荣的命，因为用兵如神，被升为殿前检点，后来柴荣突然去世，留下七岁的孩子，乱世里哪里容得下孤儿寡母的守成，赵匡胤一不做二不休，替代了后周江山。

与"长于深宫之中"的李煜以及诸位后代小国主们不同,这位英雄一直在社会底层,在现实的弱肉强食的淘汰赛里,凭借着优异的天赋与过人的意志杀出了血路。在李煜们伤春悲秋的时候,人家正在风餐露宿的野外跟士卒兄弟一起吃俘虏肉呢。其实这种人,才是乱世真正需要的成功者——"丛林法则"加"黑白通吃"。因此,从一开始,这场比拼就没有悬念。

其次是"地利",赵匡胤所替代的后周,地据"中原"。

纵观历史,常常会发现这样一个有趣的现象,基本上所有的统一都是由中原向外扩散,由北方统一南方的。究其原因,除了北方占有经济、军事地理优势以外,还有人们的一种"正统"心理——中原,才是天下。因此五代十国时期,虽然国家众多,但是南方的政权几乎从来未曾想过北上,因为在他们心里,北方中原才是天经地义的核心,自己偏安一地,安居乐业即可……

而此时,占据中原的赵匡胤正从血雨腥风里拼杀出来,他本人,正踌躇满志,他的军队,正厉兵秣马,他的国家,正旭日东升,而统一天下唯一缺少的,就是"天时"了。

他需要时间。

南唐,能在文人才子李煜手里活多久呢?

"灭亡"的种子

答案是不会太久,因为南唐从开国之初就埋下了灭亡的种

子——重文轻武。

在中国，最高明的学问是帝王学。

在"家天下"的思维下，几千年的封建制度都在探索着王朝管理的有效性。如何让大权稳定又能有效运转，简直是门恐怖的学问。于是，经过无数聪明才智之士的努力探索，朝代更迭的血腥战乱，换来了一代又一代管理经验的更新。

安史之乱在正统观念里是红颜祸水，在历史学者眼里是社会矛盾，但是在管理思维关照下又有另外一种解释——当时最受人非议的就是唐明皇设置的节度使制度，让安禄山之流可以有机会集军财政大权于一身，而这样做的原因，是因为管理方式上的调整——当时对外作战频繁，边防军官如果有更多的机动权力，就可以大大提高作战能力，因此，明皇期间打的外战几乎都能尽如人意。但是，这种管理体制也带来了一个巨大的弊病——权力的膨胀增长了将军们的野心，矛盾积累久了，就成了内乱。

安史之乱后，大唐王朝诸帝们对这种管理体制进行了无数次调整，但大部分都以失败告终。

然后王朝崩溃，乱世开始，对这个管理模式的探索的重任也终于落到了五代十国的诸位君主们身上。这个时候，南唐先主李昇开出了一个好药方——因为疗效显著，还被后来的北宋王朝所借鉴。

分权与文治。

利用利益牵制而非道德修养来制约权力，这会是最有效的管理模式。

李昪就是这么做的。

不是武将们权力膨胀吗？南唐也在地方设置节度使,但是只管理军事,地方行政则由刺史管理;这样做还不够,他又设置了一个通判,虽然是这些主要领导们的副职,但是他直接对中央负责,从而对这些领导起协助与监察的双重作用。同时,武将们经常调防,以避免树立个人威信,甚至很多时候皇帝会派出文臣来治军。

这种方法很有效,它几乎制止了南唐境内的所有内乱,但同时也要了南唐的命。大家想,武将地位的下降、军事权力的削弱,自然可以防止五代十国时期没完没了的军阀混战,但是同样也让这个国家的整体军事实力下降了。那个时候全国还没有统一,如果国内没有可用将才、可用军队,那是极其危险的事情。

这个,李昪没考虑过,或许在他把自己定位成偏安淮南一隅的小国时就已经种下了南唐必亡的种子,而这颗种子在李煜接手的时候,已经发芽。

发展成"癌症"

每个人的价值观人生观是不同的,思维模式也不尽相同,面对同一件事情,有的人认为是 A,有的人认为是 B,有的人则认为是 F,而正因为这些差异,派系才会诞生。相同利益的人结合

在一起，为了更多地占有资源而进行斗争……其实，无论什么样的管理者，皇帝皇后也罢、老板老总也罢，甚至一个部门领导，都需要在派系斗争的缝隙里寻找平衡。领导者的任务不是消除矛盾，让形势一片大好，而是通过对各派别之间因资源的占有分配而产生的矛盾的合理驾驭，让整个组织有效运转。

171

因此，要看一个团队、一个部门、一个公司，甚至一个王朝能不能发展下去，就要看其中的派别斗争之间的"合力"是否能让整个组织有效前进，而不是内耗性、衰亡性地蜕变——组织就像人的身体，病的产生往往不是因为坏分子地侵入，而是由于某些平衡被打破，新陈代谢的内耗，严重的甚至会死亡。

开国先主李昇的发迹，多亏了江南土著谋士宋齐丘。登台以后，除了安定民心发展生产以外，他还招贤纳士广开门路。很多从北方来避祸的士子都投奔到了他的麾下；还有一些抱着光复大唐宏愿的遗老们，也投奔而来，希图有一天施展抱负，统一天下。但是，宋齐丘们是立下汗马功劳的老臣，也是投机性的游士，跟北方那些儒家士子们的理念不合、思维不同，利益更加不一样。他们是乱世求生的精英分子，投机是他们的本质，以权谋私是他们的本性，为了保护自身利益，为了扩大对南唐资源的占有，自然会结成一派。宋党势力坐大，不屑投靠的自然也有，于是，党争产生。

这个时候，考验领导者的机会来了：宋齐丘是老臣，立下汗马功劳，又结党弄权，怎么处理？这个问题似乎千古以来一直存在着，无论是打下江山的皇帝们，还是一起创业成功的老板们，都面临着"老臣"的问题。

这些老臣们有感情、有面子、有势力、有能力,可是这也同时意味着他能超出权力之外,未必能听你指挥。一旦处理不好,就会成为你的致命伤——很多人选择了斩草除根,如刘邦、朱元璋,干脆一刀砍了;也有人选择了巧妙的方法,如赵匡胤杯酒释兵权,给你钱夺你权,把你踢出权力体制,但是善待你的生活,有面子不伤感情,算是个好法子;但是更多人选择让老臣继续在组织里发芽。他们不忍心,或者他们意识不到,这些老臣因为势力根深而能超越制度,终有一天会成为这个组织的致命肿瘤。

因为按照科学的管理理念,"在权力系统的运行上,必须要保证权力结构内的每一个人都是可替代可调整的。"我们都知道人治不如法治,在制度面前,排除掉一切不确定的人性因素,会让这个集体更顺利有效地运转。这不仅是现代管理的理念,估计也是一切管理的一种有效模式——只要人性存在,确定的规则就比人性管理更加有效。只是,既然确定了规则,就必须保证每个人都要遵守规则,不能有超越规则的空间存在,这样规则才能保证自身的权威性与严肃性,才能"以德服人"(规则严格执行之德)。

在现代,一个老板创业到一定时候,可以以身作则退居董事长的位置,让经理人来管理;但是在古代,皇帝是没有退位的,尤其是那些刚打下天下的皇帝。因此,这个规则理念就变成除了皇帝一个人以外,其他人都必须是可以代替的。只有可以代替,它才不会威胁到皇位,它才不会超越了制度——古今中外,天下英主都明白这个道理。李世民、朱元璋、康熙们,要搁现在,那也是顶级职业经理人啊。

而老臣，则是这个规则体系里最相反的因素。按照李昪的性格，除掉老臣的可能性不大，最有可能的，只能是控制，让宋党和其他的反对派处在自己的严密控制之下，在平衡之中求得南唐整体的发展。当然，这也不是因为李昪心软——一名优秀的管理者，心软是大忌。如果李昪真心软，他早被乱世淘汰了，皇位也轮不着他来坐；主要还是因为宋齐丘是文人，他不可能像武将们一样掌握军权，养一批心腹士兵跟着他出生入死，从而威胁南唐政权——他威胁不了皇位。

此外，一个领导者是需要斗争的——下属间的斗争。"如果一个组织内的领袖与下属间的层态过于鲜明，如果领袖之外的下属间一点纷争都没有，那么，这时候领袖存在的合法性和权威就会遭受威胁！所以，一个聪明的领袖，必须要善于让下属间出现适当的角力和博弈，这样，领袖的角色才能在组织中牢靠地扮演下去，因为下属间的博弈需要权威的调和者与仲裁者。"（《领袖型管理架构中的驭人研究》）

因此李昪留下了老臣们，留下了宋齐丘，因为感情也因为功劳，因为才干也因为姑息。

但是很快，这份姑息在其儿子身上发展成了"癌症"。

下坡路

领导这个角色，在中国是个很有意思的东西，有时候我甚至发现，咱们很多人都生活在"领导"的阴影下——你每天起码有八小时在工作，只要工作就要有上级，而按照工作即生活的国情，这个上级的喜怒哀乐会影响着你的品味、你的心情，甚至你的生活理念……

这个很要命。

一个你生命里根本不值一谈的人，却在你生活里把握了主方向，这是件多么可怕的事情！而尤其，当这个领导根本没经过专业的管理训练，那么你只能祈求上帝保佑了。

因为他们不具备以下能力：

领导者必须有下属或者追随者；

领导者必须拥有影响追随者的能力；

领导行为具有明确的目的，并可以通过影响下属来实现组织目标。

《教练——教练型管理者实战操作指南》

并且，"在指挥、带领、指导下属为实现组织目标而努力的过程中，领导者必须要有指挥、协调、激励等三个方面的作用。……领导权力有五个来源：法定性权力、奖励性权力、惩罚性权力、感召性权力、专长性权力等。"

如果按照这个指标考核，李昪显然是具备的：他在当徐氏管家的时候，就赢得了徐家内外的交口称赞；此后徐温交给他的工作任务，他也都能井井有条地完成；最后篡位爬上皇帝宝座，在南唐国境里没引起什么内乱和纷争，说明他是有一批相当稳定的追随者的，并且也能通过影响臣子们来达到自己的行为目的。登基之后，朝廷之内隐伏帮派争端，但是根据李昪的能力，这些争端应该是他故意设置的，当然也是他能掌控于心的。可是轮到他儿子，就难了。

这位长子是个文人，跟李昪不是一个世界的人。让这样的人坐在领导的位置上，帮派间的平衡立刻就被打破了——李昪能做到让他们各展其才，维持均衡，但是李暻不行。他对他们没有足够的控制力，也没有足够的领导力让各方发挥优势；他只能偏重一方，而这种偏重就带来了平衡的崩溃。崩溃之后，双方斗争开始表面化、激烈化，宋党们更加投机谄媚，反对党们则更加袖手旁观。他们的大部分精力不是用于促进南唐的发展，而是内斗——内斗的结果就是南唐从李暻开始走下坡路——一个组织的内部合力，不再向前，而在退后。

这是李暻的悲哀，也是南唐的悲哀。

也曾奋力挣扎

这就是李煜接过来的南唐，于内国力逐渐衰退，于外强敌虎视眈眈，而自己，既不是盖世豪杰，亦非帝王之才，不过一个风花雪月的才子尔。

其实，面对赵匡胤的咄咄逼人与颓废衰老的国事，李煜不是没想过励精图治，他虽然曾是大观园里的怡红公子，但是并不代表不通事务。就像贾母说的，"可知你我这样人家的孩子们，凭他们有什么刁钻古怪的毛病儿，见了外人，必是要还出正经礼数来的……就是大人溺爱的,是他一则生的得人意,二则见人礼数竟比大人行出来的不错……若一味他只管没里没外,不与大人争光,凭他生的怎样好,也是该打死的。"

"宝玉"不喜欢,但不意味着不懂。

对于强敌,他也曾像所有贤明君王那样,先迷惑……

当时继位的时候,在宫前树起一根朱红长杆,杆顶立着一只黄金饰首的四尺木鸡,口衔七尺绛幡,下承彩盘……这是天子之礼,有"金鸡消息"之意。结果赵匡胤知道后,大怒,找来常驻汴梁的南唐官员质问,幸亏这位官员机变,辩解说这是"怪鸟消息",而非"金鸡消息",才蒙混过关。李煜在金陵听说以后,赶忙贡献了金器二千两,银器二万两,纱罗绸缎三万匹,并亲自奉表谢罪,解释自己继位的理由——"臣本于诸子,实愧非才……"(《即位上宋太祖表》)。

进贡极为殷勤——"每闻朝廷出师克捷及嘉庆之事,必遣使犒师修贡。其大庆,即更以买宴为名,别奉珍玩为献。吉凶大礼,皆别修贡助",几乎事事进贡,凡事必恭贺谄媚。

每逢北宋来使,他立刻脱去天子独享的黄袍,换上臣下的紫袍;还要事先拆除皇家宫殿屋脊上独有的"鸱吻"以表示臣下之礼……

只是,这并不意味着他内心真的恭顺了。等宋国使臣离开以后,他又立刻恢复原状,该怎么做皇帝还是怎么做皇帝。

虽然明着对中原更加柔顺,暗地里却在长江沿岸布防,从后来的宋唐之战里我们也可以大约判断,宋军从来不是那么容易

攻取南唐的，几次拉锯战的背后，应有当初那个还想有所作为的皇帝的影子。正所谓"虽外示臣服，修藩臣之礼，而内实缮甲募兵，潜为战备"（《宋史（卷四七八）》）。

但是，又有什么用？十几年的文臣政治，南唐早已无将可用。

于内，鉴于父亲的教训，他也任用了一批老臣。史书说，朝堂为之一振。可是，真的振了吗？为了解决财政困难，他的朝臣给他出了个造铁钱的主意。大家都知道，铁比铜要容易铸造，南唐政府本来是为了缓解钱荒的，但是却引起了民间私铸之风，大量真假货币的流行引起了更为严重的经济危机，于是"豪民富商不保其赀，则日益思乱"……这就是内斗之后的朝臣们，他们对南唐也并非真正忠心，只不过是想借这个政权实现自己统一天下的抱负而已。结果，国事不堪，自己又没什么能力，有的尸位素餐，有的干脆逃避。

既然老臣起不了多大作用，李煜能用的，也只能是曾经跟随他的一些幕僚了。可你要知道，在怡红院里的贾宝玉平时交往的会是些什么人？文人才子们虽然文采斐然，虽然书画皆通，但是绝非社会干才，在事务的历练上，估计连贾雨村也比他们强。

党争内斗、领导魅力缺失，早已让偌大的朝堂，无臣可用……

国事，可想而知。

亲爱的，我们在装什么

小时候认为人在面对自身的失败时，要么抗争，要么就痛苦；长大后才知道，原来人类的最常态是逃避——每个人都有保护自我的本能，不是吗？没有人愿意天天面对困难、挫败与侮辱，尤其是无能为力改变的时候。

李煜在文艺方面天纵绝才，但当登上皇位后，他却发现自己面临的是一个不一样的世界。至于哪里不一样，他自己也说不清，唯一能看到的，是自己的无能为力——他不想面对。于是他想逃回从前那个文艺世界，而大周后对音律的爱好，正好给了他一个理由——"后主以后好音律，因亦就嗜，废政事。"

很好的解释，很好的推脱，很好的借口，男人再一次顺利并且成功地把责任推到了女人身上。但对于大周后来说，这却是一个沉重的考验。其实大周后不是不明白，眼前这个男人已经不再是当年的怡红公子，从登上帝王之位开始，他们一起守护的那个清纯无暇的梦，就要破灭了。她怕，也不肯，她想一直保持着那份完美的爱情。

表面上看起来，李煜在后宫没有什么宠妃，似乎像从前一样专心于她，但是他们之间的关系其实已在微妙地变——不被权力腐蚀的男人是不存在的，何况还是帝王之权。她很害怕，于是开始试探性地挑衅。

|178

有一天，她准备弹奏一首琵琶曲，她让李煜伴舞——一如当年那个逍遥的六皇子所做的那样。结果李煜说："只要天明之前，你能创制出一支新曲，我就跳舞给你看。"

皇帝，是不可能给任何人伴舞的，但是大周后的丈夫，是可以给她自己伴舞的。

这个道理他们都知道。大周后抛出去的是一个试探性的询问，而李煜给予的是一个考验性的回答——我到底变不变，看你的能力了，你是否依然可以引导我沉溺于艺术世界。这个答案就像男人有了钱，妻子不安，男人告诉她："要想我不变坏，要看你能不能拽住我的心。"

很多妻子会拼命，大周后也不例外。她彻夜未眠，终于研制出两支新曲——《邀醉舞破》、《恨来破迟》，向李煜展示，自己是可以保卫住这份爱情的，哪怕是在帝王的皇宫里，艺术、平等、尊严与爱也可以存在。

李煜默认了，第二天，果然给她伴舞，于是她松了口气。李煜还是李从嘉，她想。

李煜的暗示，激励她继续向前去。她准备研制更伟大的曲目——《霓裳羽衣曲》。

此曲为唐明皇所创，是当时帝妃之恋的代表名作，也是盛唐歌舞艺术的顶峰作品，几经丧乱以后已经遗失，大周后偶然在后宫图书馆里找到残谱，如获至宝。试想，仅仅研制一个普通的曲目，哪里能展现出她大周后高绝的艺术才华，或者说，怎能拴住这位才子帝王的心？

她要做出更伟大的举动。

经历过上次的伴舞事件，在大周后眼里，那份挑衅后的抚慰，变成了一种更加执著的"抓住"。在这个男人的暗示下，能羁绊他保持李从嘉的只有这个了——她以为。

于是，她拼全身之力悉心研究，边弹边吟，时辍时续，终于还原了这份盛世之音。李煜很是高兴，让教坊乐师和舞女们排练，终于在某个霞辉满天的傍晚上演——伴随着悠扬悦耳的丝竹，舞女们在《霓裳羽衣曲》的伴奏下，翩翩起舞，大周后看着眼前这一切，顿时心满意足。

帝王之恋，莫过于唐明皇与杨贵妃，恐怕此时，白居易的《长恨歌》还能盈盈在耳。在那冰冷的政治世界里，那份一往无前孤注一掷的帝王之爱，对女人来说只能是一个梦。大周后想要向李煜展示的，是即使你登了皇位，我们也还是"在天愿作比翼鸟，在地愿为连理枝"的明皇贵妃之爱。

这就是女人的心机，也是一个女人唯一能守候完整的世界。

围城不是守出来的

可是，她没想到，这个肥皂泡很快就破灭了。

有一天，她突然病了。

按照史书记载，教坊乐师曹生更早预知了她的命运，这位伶人经常奉命演奏《霓裳羽衣曲》，私下里曾跟朝臣徐铉说，这个曲子的基调本来是缓慢悠扬的,但是皇后居然把结尾改成了急转直下的戛然而止,恐非吉兆。这类管用的叙事方式很熟悉,大抵脱不了天人合一、自然神秘之物警示个人命运之类的神话,但是在我看来,则是焦虑。

女人的直觉比谶纬更可怕,无论大周后做了什么,她都能感觉到一种变化,在这个男人身上悄悄发生的变化——从前那个至纯至美的世界,似乎在天长日久的权力销蚀下,越来越衰弱下去。于是,她更加焦虑,因而也更加努力。那《霓裳羽衣曲》的急转直下,其实是一个女人溺水前反击式的"抓住"。但无论怎样抓住,溺水就是溺水,这个男人所做出的微笑越来越勉强,所做出的深情也越来越虚假,但眼前这一切又必须去拼命维持……于是崩溃。

其实,围城不是守出来的。现在有太多纠结于婚姻保卫战的大奶,也有太多"为了轰轰烈烈爱一场,粉身碎骨也无妨"的三儿,前者掂起道德的大棒,后者披上"至情至性"的外衣,你方唱罢我登场,演绎得十分热闹。笔者不禁有所感慨……

萧伯纳有言:"此时此刻在地球上,约有两万个人适合当你的人生伴侣,就看你先遇到哪一个,如果在第二个理想伴侣出现之前,你已经跟前一个人发展出相知相惜、互相信赖的深层关系,那后者就会变成你的好朋友,但是若你跟前一个人没有培养出深层关系,感情就容易动摇、变心,直到你与这些理想伴侣候选人的其中一位拥有稳固的深情,才是幸福的开始,漂泊的结束。"

爱情不是努力出来的,两个人之间的博弈是一种在本性相似基础上的用心经营,而这种经营,指的是心灵的同步。

　　这个世界,每个人都在不断成长、不断承担、不断分享,爱情的含义更多是一种能一起承担与分享生命所得的伙伴。只有当两个人结成了牢固的内在时,才不会被所谓的金钱、美色、权力所腐蚀。很多有钱就变坏的案例、夫妻间审美疲劳的人性弱点,只是因为本来的结合基础就存在无法弥补的缝隙,或者是太熟悉的相处让彼此忘记了经营——一个人在生长,一个人在停滞;一个人进入了新的世界,一个人还在旧的世界里梦游。失败是必然的,哪怕挽回了,也是生命里不再完美的遗憾。从根本上说,如果基础结合得好,又能一直用心灵一起体验世界万端,一起分享世间所有的变化,那么无论这个人如何富有,地位如何改变,你们依然会相爱如初。

　　大周后的错误,不是在于争取,而是在于她没有跟李煜一起变化。她拒绝面对现实,却希望用才华拉住这个男人,希望他永远停留在当初的大观园里,希望他永远是李从嘉,可以跟她一起心无杂念地伤春悲秋、风花雪月。可惜,李从嘉要长大——无论直子多么美丽纯粹,渡边终究还是走出了挪威森林。

　　一个拒绝做皇后的女人,怎么能长久地做一个帝王的妻子?

　　不过,她幸运地做了一段时间的梦,因为李煜一直很配合,虽然他早不再是李从嘉,但是现实的压迫让他需要再次逃避,而大周后给了一个理由,一个逃避责任的理由。两个人在互相误读里过了四年,直到大周后在这种表面和睦、实际纠结的拉扯里慢慢憔悴、病倒,甚至病重。这个时候,终于有人站了出来,成为压倒骆驼的最后一根芦苇,戳破了他们自我催眠式的爱情肥皂泡。

南唐小三偷情的经典案例

这位少女史称小周后，"警敏有才思，神采端静"。按照流行的叙述，这个南唐小三的故事是这样开始的：

她比大周后小十岁，当姐姐结婚的时候，她还是稚稚幼女，因为常随着姐姐进宫，得到了李煜母亲钟太后的喜爱。后来姐姐病倒，周家派她来看望姐姐，遇到了姐夫李煜。当时李煜正衣不解带地侍候大周后，看着妻子日渐憔悴的身影，痛苦万分，突然看到小周后青春靓丽的身影，仿佛那个年轻的大周后重现，并且更加青春而充满生命的活力，就心动了。

小周后看到皇帝姐夫对自己的倾慕，受宠若惊，于是干柴碰烈火，两个人搞在了一起。为此，李煜还写下了几首词，记录其香艳的偷情过程。

开始是暧昧：

铜簧韵脆锵寒竹，新声慢奏移纤玉。眼色暗相钩，秋波横欲流。雨云深绣户，来便谐衷素。宴罢又成空，魂迷春梦中。

《菩萨蛮》

这位美丽 MM 居然同样能歌善舞，跳得好像也不比大周后差，并且一边跳舞还一边向李煜暗送秋波，李煜看着这火热的身影，虽然碍于身份不敢明目张胆地接纳，但是美色当前，实在是情不自禁地如梦如痴起来……

后来是"相悦"：

蓬莱院闭天台女，画堂昼寝人无语。抛枕翠云光，绣衣闻异香。潜来珠锁动，惊觉银屏梦。脸慢笑盈盈，相看无限情。

《菩萨蛮》

午睡时刻，李煜悄悄溜进小周后的住处，看着门已经上锁，从门缝里偷窥，见小宝贝秀发如云，披散枕畔，绣衣微掩，幽香阵阵。那种诱惑真是让人心潮起伏，于是李煜把门锁弄开，小周后也惊醒过来，回头看着姐夫，满脸娇羞，两情相悦，只是无限情长。

最后是"上床"：

花明月黯笼轻雾，今宵好向郎边去！衩袜步香阶，手提金缕鞋。画堂南畔见，一向偎人颤。奴为出来难，教君恣意怜。

《菩萨蛮》

小宝贝娇艳欲滴，趁着朦胧的月色，穿过轻雾，来到了李煜身边，走过阶梯的时候，还提着金缕的绣花鞋，蹑手蹑脚地害怕弄出声响，终于在画堂的南畔见到了心爱的大哥哥，又喜又惊，一下子小鸟依人，浑身颤抖，我见犹怜。

暧昧、相悦、上床，整一个偷情者的经典教材。

"洛丽塔"情结

我一直很好奇李煜这种矛盾：一边对妻子衣不解带的一往

情深，一边跟小姨子热烈偷欢。这其中并不能直接以"不道德"简而概之，在他身上，有着一种说不出口的东西存在——"萝莉控"，也叫"洛丽塔"情结。

《洛丽塔》是美国作家纳博科夫流传最广的作品，绝大部分篇幅是死囚亨伯特的自白，叙述了一个中年男子与一个未成年少女的畸恋故事。"洛丽塔"也因为引发了男人们内心深处的黑暗情结而广为流传，到了日本甚至延伸出了一个专有名词——"萝莉控"，指相对成年女性而言，对未成年的女孩子更具兴趣的一种性向，或是指有着这种性向的人。

很多男人的审美倾向里，都喜欢纯真烂漫的少女，因为她们代表了男人另外一些渴望：

年轻：洛丽塔们大多十几岁，是含苞欲放的花骨朵，身上洋溢着青春的气息与生命的活力——在一些恐惧岁月的男人心里，占有她们就是"不老"的明证。

崇拜：洛丽塔们大多不"懂"世事，单纯可爱，依赖性强，什么都需要人教，并且少女心性，因为依赖而动辄崇拜，由此便大大满足了男人们的虚荣心和控制欲。阿德勒说，"自卑"是推动人类进步的原动力，可见这个世界上，人人都不会完全自信的，而如果一个美丽纯真的少女天天对你做崇拜状，这种肯定的诱惑对男人的虚荣心来说，是一种极大的满足。

控制：洛丽塔们因为单纯，被男人认为是容易控制的。若有机会面对一个事事要依赖、单纯的少女和一位有着独立主见的成熟女性，恐怕很多男人会选择前者，原因很简单，容易控制的假象给他们带来了安全感。因此，他们喜欢把女孩据为己有，安置在自己的地方,成为自己的玩具与附属品,心里想着反正她离开我不能活,我也不怕控制不住她——要一个事事听话的玩物,附和这个男权世界的黑暗主流。

憧憬:洛丽塔身上寄托着男人初恋的记忆。煽情的男人们在经历一番岁月挣扎以后,初恋时候的青春美好因为时间而变得更加美好——初恋的时候不懂爱,大多数的初恋都以失败而告终。如果还能在这些小女孩身上唤起些许当初的记忆,则会让男人欣喜若狂。

少年时读《书剑恩仇录》,不明白陈家洛为什么放着霍青桐不理而选择那个白痴一样的香香公主,而现在终于明白了——在那个懦弱的男人心里,他根本就不是智谋多才的霍青桐的对手,所以他在霍青桐面前感到了无法征服的不安,相对地,只有香香这种单纯的傻瓜才能满足他那脆弱而又虚荣的自尊心。

可是明白又怎样?在这个父系社会里,男人们的爱,大多是以对方是否满足了某种需要作为出发点的,而洛丽塔也只不过是"玩具"中的一种。

那么最完美的玩具是怎样的呢?

《源氏物语》里给出了答案。源氏在成年以后遇到了一个小女孩紫姬,长得很像他爱慕的藤壶皇后,于是他收养了这个女孩,以养父的身份悉心教育十几年。当这个女孩变成了亭亭玉立的少女时,他诱奸了她,并纳她为妃。但是,他并没有给她幸福,他好色依旧,让少女痛苦了一生。……这是一个男人的梦,一个男人黑暗的"洛丽塔"情结发展到极致的梦。那个完美的紫姬,是他亲手调教出来的玩物,可以满足他青春的回忆、生命的证明、崇拜的虚荣与控制的安全，只是，女孩再完美又如何，终究不过玩具而已。

不过也不要不平，"玩具"终归要长大，她们既然能在不定性的盲目选择里依赖这些男人，自然也能依赖别人。当这些男人从"神"降落成"人"以后，她们就会再次寻找下一个"神"，大部分被甩的，是那些男人。

"出来混的，终究要还的"，你当她们是玩具，她们也可以当你是暂时的靠山，大家扯平。

所有的错误都是有原因的

但是，这似乎还不能圆满解释李煜的矛盾，因为他如果喜欢小周后，尽可以在大周后病倒之前或是大周后仙逝之后再去勾搭小姨子，而没必要在大周后病床之外热烈偷欢……

可以很肯定并很公道地说，他是个软弱的男人。

他是真心爱着（爱过）大周后，但是当父亲去世、儿子夭折，跟他年龄相仿的妻子又奄奄一息病倒在床上的时候，他突然感到了恐惧——人生短暂，生命无常。

原来，他离死亡很近。他很害怕。

这个时候，那个青春靓丽的身影出现了。相比于奄奄一息的憔悴妻子，充满了生命气息与活力的小周后，仿佛冬天里的一点亮色，点燃了一种叫做温暖的东西。他很害怕，人害怕时都会害冷,他需要温暖、需要活力、需要青春的东西,去抵抗那来自生命底处的对死亡的恐惧。于是,他急不可待地抱住了这个女孩投来的火种,罔顾了那奄奄一息的爱妻,也同时埋葬了自己内心深处的道德理性。因为很冷。

有时候,我们做事情,不一定完全是因为欲望,更多的是出于防护。

不过,当他投入到这段感情的时候,内心深处的"洛丽塔"情节终于发作,他突然欣喜若狂地发现,眼前这位小女孩拥有着妻子所没有给予的"崇拜"眼神。当她盯着他的时候,让他感到天下都握在自己手中,什么赵匡胤什么国政,都不在话下,他,李煜,就是全世界。

女人的崇拜,会激发男人可怕的幻想与狂热,也许那个因为逃避现实的屈辱与压迫的男人,在这个青春懵懂的少女身上完成了帝王角色的彻底超度,找到了那份可怜的尊严——帝王的,操纵天下的君主的,自信。

他发狂了。

道德的理性、夫妻的恩情再也束缚不住一颗膨胀了的心。在小周后身上,那个新的世界之门在打开,他第一次感到了自己是一位帝王,一位拥有天下而能征服所有女性的帝王,而不是李从嘉,那个温文尔雅平视万物的六皇子——有时候也许我们真的可以原谅他一下,因为他不是故意的,只不过太软弱而已。

真正变成南唐后主的李煜,再也不愿意坐在那里悲哀地看着妻子,而是情不自禁地偷偷溜走,寻找那充满生命气息的温暖所在,并且悄悄看着她的睡姿——那娇艳欲滴的双唇,那呼吸出来的生命的芬芳，那充满血色的双颊，那玲珑的健康躯体，跟那位病床上脸色枯黄、呼吸着死亡气息的大周后相比，又是多么的不同啊？

他站在那里，呆呆地并且贪婪地吮吸着这种温暖的气息、这种青春的力量，直到惊醒了女孩。女孩坐了起来，看着男人欣赏并近似膜拜的眼神，也感到了受宠若惊的满足——这可是帝王，她一直崇拜的大姐夫。

这，才是所谓"脸慢笑盈盈，相看无限情"的真相。

暗流爆发

每个人都有很多面，而我们大多数情况下，都生活在生活表面。

只是在水底，在深不可测的水底，在那无数欲望的暗流涌动里，非世俗的、黑暗的、不可预测的潜流正悄无声息地默默流淌着，偶或在某年某月某个时刻某个特殊的境遇下，突然爆发。

小周后比大周后小十岁，当她还是孩子的时候，大周后已经名动四方、倾国倾城；等稍长，姐姐即已跟李煜恩爱成双；等到李煜登基之后，这位周家大女儿更是家族的骄傲、南唐女性的楷模，那宽袖长裙、鬓边别花的时尚，那长袖善舞的才华，是小周后比之不及的梦，更是目标。

离偶像远也就罢了，可偏偏她是她妹妹，从小就有着一个成长的标杆,从小就有人告诉她,你姐姐会怎样怎样,从小就被拿来跟姐姐做对比——这对一个孩子来说,是件可怕的事情。尤其是对一个女孩子来说,更尤其,是对一个姐妹来说。

有些心情,恐怕小周后自己也没有意识到,在姐姐的强大阴影下长大的她,一直理所当然地认为姐姐是偶像,什么都要向姐姐学习,偶尔被人比较的时候,会有那么一点不舒服而已。

但是有时候,这么一点点不舒服就足够致命。女人之间,是有着无法遏制的攀比天性的。

尽管姐姐比她大很多,尽管姐姐成亲以后已经离她很远,小周后也确实毫无疑问地崇拜着姐姐,但是,在那看似天真无邪的崇拜背后,你不能否认,更多是羡慕,甚至是嫉妒。但是这也只是一种暗流。如果不是遇到那时那刻的李煜,这股暗流或许会随着岁月的打磨慢慢销蚀了去,而只会在傍晚黄昏之后的某些回忆里留下点点遗憾罢了。

可是,不知是幸还是不幸,命运居然给了她一次超越姐姐的机会。

我们得承认,当她亭亭玉立于李煜面前的时候,她并没有想过要超越姐姐,更没对眼前这位帝王姐夫有过非分之想。在这位少女的心里,只是大姐姐病倒了,家里派她来看望,眼前这位是才华横溢的皇帝,她有点紧张,就这么简单。

只是她的美,炫目了李煜的双眼。前文说过,李煜正处在父亲病逝、儿子夭折、爱妻病倒的极度哀伤与恐惧里,而眼前突然出现了另外一个大周后,并且更加年轻美貌,他自然惊呆了。

他情不自禁地向那温暖走去，无意识的——有时候，人犯错，并非故意。

他安排这位美丽的小姨子住在瑶光殿别院的偏僻角落。小周后来的当晚，他恢复了停当已久的晚宴歌舞，急不可待地想跟这位年轻升级版大周后一起追忆下那曾经的幸福时光。

就这么简单。其实很多时候，很多错误，都简单地取决于人的一闪念。

皇帝的欣赏让小周后欣喜不已。李煜虽是自己的姐夫，但更是南唐之主，从前耳闻目睹里才华横溢、门第高贵、风度翩翩，没想到突然有一天好运将临，这位皇帝姐夫居然能注目于己，少女心里自然波澜起伏。当即晚宴上，她故意露了一手玉笙——《春江花月夜》。

李煜是个文人，文人总是多情善感的，尤其在那个悲情时刻，看着升级版的大周后花容月貌的弹奏，听着那"人生代代无穷已，江月年年只相似"，想着从前的快乐幸福，只觉得眼前此情此景，天长地久就好了。

而留住此刻"天长地久"的唯一，就是小周后。

在一个静谧的午时，他终于坐不住了。他像刚刚初恋的小伙子一样，眼前晃动的都是小周后，于是从妻子病床边悄悄溜走，来到了小周后安寝的别院。旁边的宫女们正要行礼，被他摆手制止，他蹑手蹑脚走近房门，从缝隙里看着那丰腴青春的躯体，明明就是妻子年轻时候的再版，并更美丽动人。他站在那里，心想如果时光能够回溯该多好。

那个时候，他还年轻。其实现在他也不老，刚刚二十四岁，但是继位四年以来，仿佛要把人拖进时间的黑洞，种种碎屑侵蚀着他的灵魂——他的神经，他的文艺天才与政治无能，他无可奈何的夫妻撕扯。

现在终于有了一个裂口，终于又出现了一个恰当的人。

这个身影是那么美丽，并且他看得出来，她是把他当做皇帝看的，眼神里充满了让人愉悦的崇拜与敬畏，让他有如灵魂归位般的泰然安顿，他看痴了。

门，吱呀一声打开了，小周后醒了，看着皇帝的眼光，立刻明白了此时此刻的含义，少女的娇羞与受宠若惊的欣喜交杂在一起，她突然茫然无措。

被爱时，我们都会受宠若惊

我不知道一见钟情是种什么感觉，但是我总觉得当一个人感受到另外一个人的爱意时，只要他对这个人并不反感，他总会有种受宠若惊的感觉。对，就是受宠若惊。

因为这种表白在某种程度上，是在表示：你很有价值，你很值得爱。尤其，当我们在被看似很优异的异性所表白的时候，尽管我们并不爱他，但是我们依然会受宠若惊地欣喜不已，因为，这是一种魅力的肯定与认可，一种被欣赏和注目的满足（明星倾向的人尤其需要这种肯定）。但是，这并不表示我们一定就爱

他。很多时候，只是虚荣心被满足的愉悦而已。

那个时候，小周后一定没想那么清楚。在那个时代，皇帝的至高无上本身就代表了太多的东西，当那个权力中心向你注目的时候，一个女人内心的虚荣会被极大、甚至夸张性地满足了——她没想到，这位高高在上的皇帝姐夫会爱上自己。

不过，当她接到李煜的约会的时候，还是犹豫了。

她毕竟待字闺中，姐姐又病倒在床，礼教约束、伦理限制，即使对方是皇帝，也让她犹豫了。但是她还是去了，因为在此时此刻，那股暗流，那股可怕的被束缚在内心的潜意识，被激发唤醒了——她要超越姐姐。既然所有人都说自己不如姐姐，那么现在，我就超越给你们看看——现在那个才华横溢的皇帝姐夫，正在迷恋的可是她小周后，而不是姐姐，倾国倾城的姐姐。

于是她去了……

如果说，第一次娇羞与可爱是少女的天性，那么第二次则是一场满怀心机的精心表演。有时候，那份少女的天真无邪与娇羞可爱，就是致命的武器。

长腿叔叔们有多可怕

美国少女小说《长腿叔叔》讲述的是这样一个故事：孤女茱迪得到一位好心人资助，可她不知道那个人是谁，一次她在夜里看到那个人的背影，发现那个人腿很长，于是就开始叫他长腿叔叔。茱迪长大以后,进了大学,爱上了一位贵族少爷杰维,经过一番误会,终于发现杰维就是未曾见面的"长腿叔叔",于是两个人结婚,一起过起了幸福的生活。

笔者小时候是喜欢这类故事的,那位叔叔看起来神秘又贴心,持续不断地爱护着你,并且成全你的所有梦想,更加圆满的是,这位"叔叔"还能符合另外一种现实条件,又英俊又富有,你们在现实里相遇并能很快相爱,这种浪漫的童话情结似乎是每一个少女心里的梦⋯⋯

不过长大以后,这个故事就变质了,也许这个"长腿叔叔"的对面就是《源氏物语》。正像男性有"洛丽塔"情结一样,很多少女也有着对应的"叔叔"情结。我小时候能从这个故事里读出美好的童话与阳光,但现在从这个故事里读出的却是"索取"与"附属"——这是一个险恶的女性陷阱。

很多女人都喜欢成熟甚至比自己年龄大很多的男人,因为那些男人的沧桑能填补她们内心对于成长的渴望,知识与阅历又能给予她们依靠感。同时,他们的成熟也代表他们在现实世界会比较成功,因而能给这些少女们带来物质上的安全感。

这位长腿叔叔正是因此而诞生,他的身上几乎具备着所有言情类所渴望的某些特质:

爱护:这位长腿叔叔莫名其妙地资助茱迪,并且一直非常爱护她,照顾她,到了最后还及时出现,"女儿情"变"情人情",功德圆满。这就满足了一个女人对于爱的深度渴望:她希望有一个人无限制、无限期、无缘故地爱着自己,一如无数言情里男主对女主那无厘头的爱。

指导：茱迪经常给叔叔写信，报告生活学习详情，这位叔叔也经常给她回信，给予她人生经验的指导和控制。但是有一次，茱迪想找一个小男孩去别的地方旅行，而不是去叔叔指定的那个地方，叔叔就大发雷霆，硬是让茱迪去了他要求的地方。

安全：能资助茱迪上大学的人，一定是比较富有的人，而这位长腿叔叔经常给予物质上的馈赠，这就满足了少女们对于现实的虚荣感，便如言情小说里的男主，富有权势并对自己一往情深，正宗的童话故事——其实少女们也知道，没钱没幸福。有钱代表有能耐、有力量，有宣扬的资本以及由此带来的安全感。

195

外表：小说里的长腿叔叔是年轻英俊的小伙子，这样的外表才能满足少女们的审美要求，如果这位长腿叔叔又老又丑，很多时候就没戏唱了（尽管这才是现实）。

神秘：少年心性，总喜欢神秘感强一些的人物，这位叔叔总是不以真面目示人，鬼鬼祟祟做事，很能引发少女的好奇心与探究兴趣。

长者：因为是叔叔，所以从来不跟她像同龄人那样赌气，而总是温柔体贴地教育她、指导她，像一个长辈或者老师一样，由此引发了无数恋父情结的 MM 们的幻想。

这，就是女孩们喜欢老男人的原因，说实话，这种喜欢与憧憬，作为成长时期的美好梦幻是可以理解的，但是如果把这种情结拖到你成人之后，则说明了你的不成熟与虚弱。在这个故事里，女孩是作为叔叔的附属品出现的，一种"索取—付出"的模式，女孩从来没有给予叔叔什么，除了控制和帮助他人的成就感，在作为人的平等面上，茱迪只是个承受者、索取者、附属者以及被支配者。

说白了，跟《源氏物语》里的紫姬一样，是仁慈叔叔的一个美丽玩具。

是的，我承认，我们每个人在还是孩子的时候都是玩具，是受大人保护照顾的小动物，可是，你成人后呢？

继续选择做玩具？

一步错，步步错

小周后遇到李煜的时候，十五岁，在那个时代已算成人，但是少女的情结依然羁绊着她。伴随着成长的渴望，成熟男人是有致命的吸引力的，何况从小倾慕和崇拜的帝王光环，对于一个少女来说，无力抵抗。

不过，这也只是能让她娇羞地接受李煜的爱慕，而能让她跨到偷情那一步的根本动因，远非这份吸引力。对于一个还没有成人的女孩来说，她的爱情里可以花前月下，可以吟诗作对，可以玫瑰红酒，但是很难涉及"性"。因为性代表的是长大、成熟以及现实生活——这正是她竭力拒绝的东西，在对生活不了解，对人不了解，对爱也不了解的基础上，那些只是一个小女孩编织的梦幻与憧憬，跟生活与真实无关。

因此，也跟性无关。

但是她还是赴了李煜的约会，并且大胆地献了身。这么做的动因就不是一个少女的梦了，更多的，是基于内心的一种黑暗冲动，一种由来已久的反抗与欲望——超越姐姐。

当她走到这一步的时候，她知道，再也没有回头路了。

姐姐躺在病床上，自己跟皇帝姐夫上了床，少女名节已毁，虽然李煜信誓旦旦，但是眼看着一切都没有改变，自己依然是小姨子，姐姐依然是皇后，自己却名节尽毁……她开始催李煜，想要名分，想要一个资格，想要正当光明。但是大周后正病倒床前，李煜怎么可能突然纳妃，而且还是大周后的妹妹？出于夫妻感情，出于道德顾虑，甚至出于皇帝体面，他都不会也不肯这么做。他只能好言安慰眼前这位年轻的情人："等你姐姐的病好了，我们再议……"。

他没想到，这句话却要了大周后的命。

陆游的《南唐书》里是这么记载这段"事故"的：大周后正奄奄于床上，突然见到床帐后面小周后的身影，吃惊地问："你什么时候来的？"小周后因为年幼不懂事，不会避嫌疑，就说："已经来了好多天了"。大周后于是非常愤怒，到死也不肯再向外看一眼。

大周后很快就死了，基于男人们的简单思维逻辑，史官们对这段事故的判断都是小周后年幼，大周后多心。但是，小周后一向"警敏有才思"，这种事情怎会不清楚？说她年幼被李煜诱惑，又傻乎乎地跟姐姐实话实说，那是为她开脱之词。她再小，跟自己姐夫上床了？再傻，进宫来干吗不清楚吗？——当时姐姐正躺在病床上，即使姐妹情薄，这种事情也会让人有所负重的，只要是人的话。那么为什么偏偏选择那个时刻暗示给姐姐这个光荣事件？

故意。

李煜说等姐姐病好了，可是眼看着姐姐一天天病重，但就是不死。当时为了超越姐姐的一时献身，现在后悔也来不及了，名节已失，身份也丢了，姐姐什么时候病好，谁也不清楚——少女的心思里，下了一个跟现代小三们一致的决心：我要让姐姐知道，皇帝姐夫跟我好了。至于这么做的后果……她其实是期待的。

于是，她站在了大周后的床前，但是并不敢靠近，史书上说是"后偶褰幔见之"。"褰"是撩起的意思，"幔"指的是床帐，大周后撩起床帐的时候才看了她。大周后的反应是吃惊，因为家里人来看望她，李煜应该会事先对她说的，怎么小妹突然出现在这里？于是无心问了一句："你什么时候来的？"其实还是带着点儿惊喜的，以为妹妹是刚来，怕打扰她休息，已站立在这里等候多时。

机会终于来了，小周后鼓起勇气，咬了咬牙，上前一步："姐姐，我已经来了好多天了"。

姐妹多年，彼此是了解的，她一向不如她，一直被她压着长大，她知道，她也知道。她安然，她默然，而此时此刻，压迫终于找到了宣泄的出口，那多年的压抑，仿佛从这句"已经来了好多天了"里得到了补偿。从此，她赢过了她，尽管只是一次，其实一次就行。

然后，她没想，或者她暗中期待，又不敢想。

姐姐在她面前一直是强势的，以至于听到这个消息后，愤怒地转过头，再也不肯望她一眼。而她也没有勇气再站在那里，从那个可怕的瑶光殿里逃了出来，慌慌张张地沿途回去，仿佛做了恶作剧的孩子——她权当是一出恶作剧。

有勇气的人才能面对自我

关于大周后此后的结局，史书里有两种自相矛盾的描述：一种是她一直头向里，至死没有再看李煜一眼。一种是大周后临终之际，对李煜还情深义重，说："婢子多幸，托质君门，冒宠乘华凡十载矣，女子之荣莫过于此。所不足者，子殇身殁，无以报德。"并把李暻赐给她的琵琶和日常随身带的玉环留给李煜，又自书请薄葬。三日后，沐浴更衣，口中含玉，仙逝于瑶光殿西室……

我一开始以为是前者，这样一直受宠的女人深受爱情与亲情的双重背叛后，终于心死绝望，懒得再搭理这个世界。后来，我发现这两种情形都存在过。

大周后一开始听到这个消息，愤怒是难免的，她正病着，丈夫居然跟妹妹搅和在一起，亏得李煜在她面前还装出一副衣不解带的样子，原来趁她不在做下了这种丑事。但是后来，也许是临终之际的生死轮回，她终于镇定了下来。

她这辈子算是幸运的，在那个封建时代里，恐怕没有女人的命比她更好了。生于金娇玉贵，长于世家大族，又嫁得如意郎君，而更为可贵的是，这位怡红公子对她是真心爱护、平等以待，他们幸福过，真诚地幸福过。只是，梦的破灭似乎从李煜登基那刻就开始了，而她一直不肯醒来，李煜已不是李从嘉，她一直拒绝接受，一直回避着"妻子"到"皇后"的转换，她怕这些贤良淑德妨碍了他们之间的平等、他们之间的纯粹与美好的幸福。

现在，梦终于醒来了，妹妹的出现让她再也不能做梦下去了。铁铮铮的事实告诉她，自己的丈夫是一个帝王，是一个可以宠幸任何女人的帝王，而不是她的李从嘉。

还好，梦终于醒了。而此时，自己却没有想象的那么可怕，而是平静，尘埃落定的平静。

或许我们都有过这种体会，常常按照情绪在做一件事情，但是理性告诉自己这么做是错的，只因为自尊或者什么别的原因，一直不肯承认，一直拒绝面对。其实，不是因为我们不知道，而是没勇气。

当有人站出来，戳破了这个费力营造出来的肥皂泡后，虽然会痛苦，但痛苦之极反而是一种坦然。

有时候，不是我们不明白，而是拒绝去想。

也许死亡让大周后看清了自己，也看清了情势，她终于归于平静——回过头来，看着曾经相濡以沫的丈夫，眼睛里不再是仇恨与愤怒，而是悲悯。她说："我是个非常幸运的女人，嫁给你以后，多蒙你的爱护，只不过遗憾的是，好景不长，小儿子死了，我也要去了，再没法报答你的恩德了。"说着，把自己珍爱之物放在李煜手上："做个纪念吧。"……三日之后，沐浴更衣，含玉而亡。

生前，她一直拒绝做皇后，但最后却以一个皇后的角色死去。那个"婢子"的谦称，那个"报德"的说法，都是一种承认，承认李煜是一个帝王而不是李从嘉，承认自己是一个皇后而不是妻子，承认从前那么执著的羁绊是错了的，承认李煜对其他女人的恩宠是天经地义的。

201|

这是那个含玉而死的女人心里的，最后平静。

从此天涯两相忘

李煜哀痛之极，大哭。

陆游在《南唐书》里刻薄地说，这是他为掩饰其偷情的形迹而"表演"给众人看的，但是我相信，他是认真伤心的。

在那篇署名"鳏夫煜"的著名悼文里，一连几十个"呜呼哀哉"——

呜呼哀哉！木交枸兮风索索，鸟相鸣兮飞翼翼。吊孤影兮孰我哀，私自怜兮痛无极。呜呼哀哉！夜寐皆感兮，何响不哀？穷求弗获兮，此心隳摧。号无声兮何续，神永逝兮长乖。呜呼哀哉！杳杳香魂，茫茫天步，抆血抚榇，邀子何所？苟云路之可穷，冀传情于方士！呜呼哀哉！

可谓字字血泪，哀戚动人，这不是装出来的，也不是人格分裂，他确实跟小周后偷欢，但是他也确实伤心了。

在那逃避一时的温暖里，他快乐过，只不过大周后那铁铮铮的死亡,终于又把他拽回了现实。他的妻子死了,从此以后,也许还会有皇后,有妃子,有别的女人,但是再也不会有妻子了,因为,李从嘉已死。

于是,他大哭。

天地茫茫,如梦若幻,青春已逝,往日不复,从此以后,从嘉亦死。

呜呼哀哉!

化蛾成蚕

姐姐终于死了,小周后终于如愿以偿。

其实我们不能说小周后就是个坏人,只不过,少女的那些幻想里的憧憬与期盼,因为遇到合适的条件合适的机遇,刹不住地膨胀起来——超越了优秀绝伦的姐姐,得到了才华横溢的皇帝姐夫,离那个皇后宝座也就一步之遥。一切都在证明,她,才是周家真正的骄傲。

但是,李煜却让她等了三年。

按照正史的说法,是她年纪太小,后来又遇到钟太后去世,按照礼法只能等。其实,李煜并不是一个守礼法的人,在后来跟小周后结婚的时候,就没有按照所谓的礼法举行,而是大操大办——如果真想娶小周后,怎么会顾及死人守制?

他是故意的。

本来跟小姨子偷情就对妻子心怀歉疚，本想等大周后好了或者死了再论及这个小情人，结果没想到这位看似天真无邪的少女原来颇有心计，一个小小的恶作剧就让妻子突然病逝，从男女情欢里突然回过神来的李煜，突然感到无法面对。

无论是妻子的逝去、李从嘉的消亡，抑或跟少女的浓烈情爱记忆，他都无从面对——这个时候，他不想再看到小周后，起码现在不想。于是，找了个理由又把这位少女送回了周府，自己却在人生无常与国事压迫的痛苦纠结里，投奔了信仰——佛教。

佛教在南唐建立起初，就流传甚广，先主李昪笃信佛道，中主李璟倾向佛教。李煜做皇子的时候，可能还有点成仙的想法，但是大周后去世后，他那颗无所寄托的游魂就只能在天地之间到处飘荡了。他是帝王，没有勇气像宝玉一样出家，只能奢求在红尘里看世间千转轮回，于世事无常里求得解脱。

那么，佛教告诉了他什么呢？

理事圆融，"仍旧"、"无事"。

在南唐广为流传的佛教门派是禅门法眼宗，讲的是世界万有与自己心性可以融为一体，众生平等皆能成佛，而修成正果的途径，就是"仍旧"、"无事"。"仍旧"就是遵循原来的样式继续修行和生活；"无事"就是"著衣吃饭，行住坐卧，晨参暮请，一切仍旧"（《禅林僧宝传》）——说白了，如果你能按照从前所做的去做，就能在日常生活里体味到佛的智慧，达到觉悟境界。

当时的南唐，已经日落西山，先主李昪所创立的和平盛世早已不在，李曝时期的割地赔款、北方强国的徐徐升起，都让南唐人心里一片荒凉与焦灼，那么怎么才能寻回平安盛世呢？佛教法眼宗告诉他们，只要你"仍旧"、"无事"，只要你按照从前的生活路子进行生活，你就能达到解脱，于是，满国梵音……

其实，宗教对当时的李煜来说还未必带着强烈的国家色彩，因为当时南唐与宋国关系还算融洽，国事衰微是衰微，但是还没到灭亡的程度。李煜早已习惯，只是此时妻子病逝、幼子早夭、情人偷欢、角色转换，让他陷入了精神的困顿，送回小周后以后，李煜其实是在精神闭关。

这三年里，在佛教的生活智慧里，他在寻找自己的人生答案，如何能解脱人生苦痛，如何能达到理事圆融，如何面对这背叛的快乐与良心的内疚，如何从李从嘉转换成李煜——他需要解结。佛的答案是："仍旧"、"无事"。

他说：知道了。

三年之后，他走了出来，此时，李从嘉才变成真正的李煜。

原来，我是一个帝王

开宝元年，重新坐到那个皇帝座位上的，是帝王李煜。

此时历史舞台上呈现出来的他，犹如元神附体，突然大张旗鼓地承担起帝王的责任，变得"有为"得很。

当时国家面临最重要的问题就是财政困难，自从著名的产盐基地——淮北在李璟时期割给了北周以后，国家收入来源一天天锐减，而随着宋国的强大，每年进贡的数额也一天天膨胀，入少出多，怎么办？铸铁钱，利用通货膨胀原理聚敛一部分财产，但是效果不佳，只能直接跟老百姓要钱——抽税，后来几乎到了无事不税的地步。据说当时连民间鹅生双子、柳条结絮都要纳税。但是从老百姓身上再怎样也榨不出多少油水来，而很多官僚富户却囤积了大量财产，于是当时有个叫李平的大臣便出了这样一个主意：恢复"井田制"，重新划分土地，制定户籍。其实说白了，就是重新划分人口，制定税制，从那些手里掌握大量土地的财富阶层手里抢钱……

在对外方面，他显示了更加的卑躬屈膝。曾经有一个从北面南归的商人跟他报告，在南唐临界的某个地方，有宋朝船只数千只，如果他同意，这个商人可以去偷偷纵火烧掉，但他拒绝了。接着，赵匡胤要灭邻居的南汉，让李煜写信去劝降，他立刻写了一封文采华美的劝降信，表示了自己对宋国的忠诚与乖顺。

其实，这一切只有一个目的：守住南唐，保住帝位，纵情享受。

据说南唐灭亡后，李煜后宫的一名妃子落到了一个宋朝将领手中，这位北方男人为了取悦新抢来的女人，晚上点上了蜡烛，结果妃子嫌有烟味，于是点上了油灯，妃子还是嫌不够明亮。将领没辙了，问："那你们在后宫里点什么？"回答："昼夜不息的夜明珠。"

出关之后的李煜仿佛第一次明白了自己原来是一位帝王，

这辈子的任务就是"仍旧"地做好帝王角色,并且快乐地享受好帝王特权——大家想,站在那个权力的最高中心,以一国之力满足一个人的各色欲望,会是什么面貌?

这种面貌在历史上并不陌生,历来的所谓亡国之君、暴君、昏君都这么干过,但是李煜与他们不同的是,他是一个具有极高艺术品味的文人,因此,即使穷奢极欲,也"欲"得很有档次很有水平。

他喜欢文房四宝,因此这四样手工艺品在南唐十分发达。

南唐的澄心堂纸是有名的,宋人蔡襄后来把这种纸评为所有宣纸里面的 No.1,据说"肤卵如膜,坚洁如玉,细薄光润,冠绝一时",以至于明朝书法家董其昌得到这种纸的时候,都不敢在上面写字,说"此纸不敢书"。

南唐还有最著名的治墨世家——李廷珪墨,其墨"坚如玉",珍贵无比,到了宋代更为难得,几乎千金难买,有次秦少游偶然间得到过半块,潘谷"见而拜之"……

更为新奇的还有砚,李煜喜欢奇石,因此佳砚尤多,有一个青绿石奇砚,润如秋月,砚池里有一个黄色的石弹丸,日日有水,经年不干,并有小青蛙坐落在水边,每当李煜作画时,便发出鸣叫。又有一个长数尺的砚山,共有三十六峰,大如手指,左右穿溪引流,景色绝妙……

他喜欢淡雅的颜色,据说当时有位宫女染裙,本来是要染成碧色,结果晚上忘记收裙,等一夜露水以后,裙子被染成了淡淡的青绿色,反而比从前的颜色雅致可爱,李煜见了十分喜欢,起名为"天水碧"……

跟所有的帝王一样，他也喜欢女人，但是品味不俗：

书画知音型的——黄氏：大将边镐作战时俘虏，因容貌秀丽进贡入宫，等到长成，琴棋书画无所不通，尤其擅长书法画意，深得李煜赏识重爱，让她负责起保管宫中所有珍贵文物的重任。在南唐灭亡之时，也是她遵照李煜指示，把这些千古珍宝付之一炬。

追忆旧情型的——流珠：这个女孩是当年大周后的琵琶伴奏，才艺仅逊于大周后，但是也是曲艺精绝，更重要的是，因为弹奏得极像大周后的风格，在李煜睹物思人伤春悲秋时，可以作最佳伴奏与共同追忆者。

信仰慰藉型的——乔氏：这位女性静寂淡薄，是位虔诚的佛教徒，终年闭门伏案，抄写佛经，给李煜御览。李煜那时候正渐入佛境，喜谈禅机佛理，深宫之中，居然有如此佳人可以饮茶论道，座谈机锋，真是人生一大快事！

单纯可爱型的——秋水：这位宫妃天真烂漫、娇俏可人，每天变换发型，修饰打扮。但是后宫佳丽如此之多，怎么能引起李煜注意呢？在李煜面前，漂亮也要有漂亮得不俗之处，于是她想出了一个好办法，在发髻上插上很多吸引蜂蝶的鲜花。每当她在宫殿里缓缓而行时，蝴蝶就围绕着她翩翩起舞，如诗如画，让站在远处观望的李煜心旷神怡。

歌舞柔媚型的——窅娘：在李煜的后宫里，除了大小周后之外，就数这位舞娘最为有名了。因为是西域人的缘故，双目深凹，天生丽质，称为"窅娘"。这位窅娘可能是位天生的舞蹈艺术家，而且还是跳芭蕾的，最擅长的就是采莲舞。李煜为了让她跳得更好看,命令工部用黄金铸造了一朵六尺高的巨型莲花,让其在上面翩翩起舞。

而这位窅娘也因为深感皇恩,更加刻苦训练,力图一鸣惊人,惊艳夺目。可能天下所有的身体艺术都有相似之处,人体的飘摇欲仙似乎只能在踮起脚尖里彰显,不过窅娘没有机会像芭蕾舞演员们那样进行长期训练,于是她想了个简洁有效的法子——裹脚。用素帛层层缠住双足,月光之下,金莲之中,翻身屈腰,回旋起伏,飘飘如林波仙子,盈盈若嫦娥出月,让李煜叹为观止……

我宠你,但不爱你

当然,他最宠的女人还是小周后。

这位间接杀死李从嘉的少女,被李煜抛在周府里孤独过了三年,等到李煜精神出关后,为了奖赏或者补偿,决定举行盛大的婚礼来迎娶她。他命太常博士陈致雍查阅典籍,老臣代表徐铉、新贵代表潘佑一起决议。不想两派之间发生了争议,徐铉认为国难当头,财政紧张,应该一切从简,而潘佑琢磨到主子心意,认为要大操大办,隆重体面。

因为争论不下,李煜让南唐宗叔徐游来裁定,这位老贵族并无真才实学,全靠祖宗余荫过活,因此能巴结就巴结,揣摩上意,力挺潘佑,因此,这次婚礼举行得浩大而隆重。迎亲大典上,万

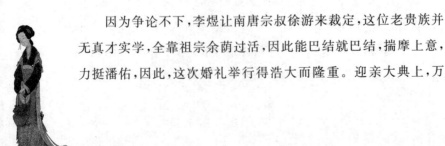

头攒动，千巷皆空，大家都挤在一起看皇家气派，而小周后坐在金碧辉煌的凤辇上，珠光宝气，流金溢彩——三年等待，直到此刻方心满意足。

李煜对她很好，比其他女人都好，甚至比大周后都好——"被宠过于昭惠"。特意为她盖了一个花间亭，雕镂华丽，仅容两人，每当闲暇，就跟她一起在此畅饮；又为她单独修建了一座花房，内设名贵花卉，外套珍稀的瓷盆，一时缤纷艳丽，精巧夺目，李煜特为之书"锦洞天"。她住的柔仪殿更是华丽非凡，雕栏玉砌，玉鼎金炉，光焚的香料类别就有十几种。还有七八个主香的宫女专门负责，她们每天都要配制上好的香料，用丁香、檀香、麝香各一两、甲香三两，匀和鹅梨汁，用文火烘干点燃。这种香气随着时间的推移不断变换，让人恍惚渺然如梦中……

现在的小周后，六宫之主，母仪天下，受尽宠爱，似乎该心满意足……但是让她有些不舒服的是，李煜是对她比姐姐更好，但是却没有像姐姐那样的专宠。大周后的死亡，似乎给李煜的人生带来了断裂，他的后宫由两个人的世界突然变得热闹了起来，变得像一个真正的后宫——他对她最好，但是对别人也很好。

但是她要求的不就是这些吗？超越姐姐，仰慕皇帝，万般宠爱，至于那些女人，只要不威胁她的地位，自然可以暗中掌控，连姐姐都被自己拿下了，还有谁是对手？

小周后，很满足。

但是李煜满足吗？

花明月黯笼轻雾，今宵好向郎边去！衩袜步香阶，手提金缕鞋。画堂南畔见，一向偎人颤。奴为出来难，教君恣意怜。

蓬莱院闭天台女，画堂昼寝人无语。抛枕翠云光，绣衣闻异香。潜来珠锁动，惊觉银屏梦。脸慢笑盈盈，相看无限情。

《菩萨蛮》

这是小周后趁着姐姐病重跟他偷情时发生的事情，本为宫廷秘事，关系皇家体面，可为什么会流传出宫，内外皆知呢？

红日已高三丈透，金炉次第添香兽，红锦地衣随步皱。佳人舞点金钗溜，酒恶时拈花蕊嗅，别殿遥闻箫鼓奏。

《浣溪沙》

|210

此处说的是，红日已高，金炉内依旧香气缭绕。宫里的地毯也因舞女而起了皱。佳人们的舞姿更是令人沉醉，所以不时嗅花蕊的清香来解酒。似乎一切都是那么幸福美满，但是又为什么"别殿遥闻箫鼓奏"呢？他是皇帝，在这个殿欢宴，谁有那个胆子还敢跑到皇宫里再去开宴？他在指什么？

其实，对于帝王这个角色，李煜即使纵情享受，内心也是清醒的，所谓"宴罢又成空，魂迷春梦中"。这颗警惕敏感的心灵对眼前这一切，时不时会浮出如梦的感觉。面对小周后的崇拜与爱慕，在满足了英雄欲与帝王优势之后，他察觉到的是周家的别有用心与小周后的恶毒，因此，才让那些诗词流传于外，让大家都知道，是小周后的勾引而不是他的霸占，让周家也知道，别打量他李煜是傻子，可以玩弄于股掌之中。

可是他还是娶了她，因为他的"帝王戏"需要这个位置，而这个位置需要这个女人。

可是……可是面对小周后快乐的双眼，他爱她吗？她又爱他吗？

在"佳人舞点金钗溜"的快乐里，总有"别殿遥闻箫鼓奏"的寝室难安。"别殿"宋朝的阴影时时浮现，南唐的命运似乎早已预定，虽然此前美女佳肴，但也许很快就会随着金戈铁马粉身碎骨。这些快乐的享受，这些美女笙歌，明天是否还会属于自己？

偶尔，在每个酒醒时分的深夜，月光之下，茕茕孑立，如梦似幻的隔膜感缠住了自己，似乎跟这个世界全不相干……

挣扎于帝王角色

无论人与人，还是人与角色，那份不适应总会随着事态的变化而更加激烈。

朝廷上的新贵虽然和老臣们暂时达成了妥协，但是帮派斗争总有被挤出来的人——潘佑，他不像其他新贵那么圆滑。随着跟老臣们的冲突越来越激烈，李煜不得不把他闲置，让他专修国史，他却死不甘心，连上八道奏折，阐述"小人"、"君子"的道理，顺便讽谏李煜纵情享乐，不思朝政，最后一奏干脆直接指责李煜连古代暴君"桀纣"都不如，说出"臣终不能与奸臣杂处，事亡国之主"的话来，气得李煜七窍生烟。

他是一个帝王，脾气再好也不能让人指着鼻子这么大骂，加之当时潘佑支持的李平改制，使得朝政更加混乱——当时土地私有化已经相当流行，这种类似王莽改制的行为是违逆历史潮流的，因此不仅不得人心，还不得时机，让"州县吏胥因以为奸，百姓大扰，聚而为乱"，而被严重侵犯利益的豪强巨室们更是趁机谣言诬陷。于是愤怒之际，李煜把两个人一起赐死了。

此事一出，朝野哗然。这位皇帝向来性格温和，虽然纵情声色，妄信佛事，引发很多臣子上书直谏，但是他也大多只是一笑置之，不赏不罚，而突然一下子杀掉了两位大臣，不禁让大家十分诧异。

接着，更大的诧异来临……

南唐当时可用之将并不多，林仁肇是里面最好的，臂力超群，骁勇善战，士卒皆服，兼之对南唐忠心耿耿，常常向李煜提议，趁北宋连年出兵，防务空虚之际，偷袭汴梁。更为可贵的是，他也知道李煜胆小怕事，甚至建议自己起兵北伐的时候，李煜可以把他的亲眷统统下狱，并向赵匡胤上表说林仁肇窃兵叛乱，以使李煜可在赵匡胤面前开脱罪责。

就这么一个忠心的将领，赵匡胤当然视为心腹大患，于是暗使反间计，指使奸细密报李煜林仁肇通敌叛国。而李煜竟然真的信以为真，以"不忠不义"的名义把林仁肇赐死。

其实，李煜虽然治国平庸无能，但也不至于暴虐好杀，当时不知为什么居然一年之内赐死三位大臣，于是朝野震动，海内皆冤。

我想，这都是李煜内心的那份清醒在作祟。

他不适合，但是他不甘心，内心的焦虑让他想做得更好更多，却适得其反，那些偏激、那些杀戮、那些刚愎自用，都是一颗无辜清醒的心灵在帝王角色里的垂死挣扎。

漩涡在继续，公元974年，北宋终于对南唐开战。

这似乎是一个所有人都等待已久的时刻，北宋人和南唐人。

在此之前，赵匡胤试图和平解决，再三邀请李煜去汴梁，并在那里仿照李煜宫殿造了一座王府，说如果李煜无条件投降，去汴梁享受也是一样的。但是出乎意料的是，一向对北宋卑躬屈膝而恭顺的李煜，没有答应。其实他对赵匡胤的所有恭顺只不过是为了维持帝位，如果连这也要拿去，他不想也不愿。于是，他采取了朝廷里主战派的做法——抵抗。

战争开始——

大将曹彬统领宋军直扑长江沿岸的池州，南唐守将连准备都没做好，弃城逃跑，宋军兵不血刃，一个月之内就拿下了长江各州，屯兵采石。此处地理环境极为险恶，宋军为了渡江需要做很长时间的准备，而此时的南唐，却慌忙向赵匡胤再次进攻，战争陷入了僵持状态。

而此时的李煜，正在做什么呢？

信佛。

佛教他"仍旧""无事"，他决绝地做起了帝王这个角色，结果却陷入了挣扎的泥潭——国事越加沉沦，外敌将要兵临城下，连后宫里的那些快乐的慰藉，也不能填补内心的空虚与慌张，现在他唯一能做的，只能求佛。

南唐亡国只在眼前,很多事情已无能为力,只是他仍然抱着幻想,希望在佛的法力无边保护里,继续"玩"帝王的角色,他不想放弃。

人是一种奇怪的动物,当你做出了抉择,再不合适也会继续下去,因为自尊,或者仅仅为了证明你没做错。

这个时候的李煜不再纵情,而是跟小周后一起穿起僧衣,双双跪在佛前,虔诚诵经,由于磕头过多,连前额都肿了起来。甚至看到僧人在削制"厕简"(长条形竹片,类似厕纸)时,生怕过于锋利扎到那些僧人下半身,亲自拿着竹片在自己脸上刮试,以示虔诚。

更为夸张的是,有一个宋国奸细叫小长老,能言善辩,经常给李煜讲述"佛理",说轮回转世、因果报应之法,忽悠得李煜晕头转向,把他封之为"国师",并按照他的旨意在南唐牛头山营建了佛寺禅房几千间,剃度了数千名僧人。所有费用皆由政府拨给,在当时财政极为困难,老百姓都吃不饱的情况下,那些僧人却享受着吃不完都倒掉的待遇……

没完没了的"放生",干预因犯审理,甚至还别出心裁制定出了"决囚灯"——点一盏明灯,如果此灯彻夜燃烧,没有熄灭,那么罪犯就可以减刑免死;但是如果烧尽,就照例执行死刑。其实,这只不过给了大多数为富不仁之徒以活命的借口而已,他们用重金贿赂执行官,暗中偷续膏油,最后的结果就是富活贫死。

所有人都说皇帝信佛信疯了,大臣们谄媚的都妄谈佛理,正直的都秉书直谏,明白的都急流勇退。大家都不知道皇帝这是

怎么了，佛，真的能救南唐吗？

不能，李煜也知道，只是他不想看到。

陆游说，很多事情，错错错。无路可走，只有自我催眠。

该来的总是会来的

所有的谎言说多了，就会变成真的，所有的欺骗欺多了，就会变成事实。

在宋军节节进逼，最后兵临城下的时候，李煜唯一所能想出的办法，只有求助于"佛"了。他让那个号称神通的小长老登上城头，大呼三声，结果居然看到了奇迹——"矢石俱下"，于是李煜更加虔诚，让满城军士百姓都念"阿弥陀佛"，希望那天天崩地裂，把眼前的宋军震死，或者赵匡胤吃饭噎着喝水呛死之类——那位压迫他的大哥弘翼不就是这么死的吗？

但是这次他似乎没那么好运，再次征召小长老退敌的时候，这家伙称病不起，就是不肯去。最后李煜有点明白了，这恐怕是赵匡胤跟他玩的一个把戏，眼前这个满口佛理的贼秃，很可能就是宋朝奸细——但是后悔也晚了，即使杀死小长老，也挽救不了灭亡的命运，他知道。

小长老的谎言点醒了他，他杀死了不负责任的金陵守将皇埔继勋，并派人急切传召驻扎湖口的神位军将领朱令赟率军勤王，然后继续求神拜佛。对于一个长期自我催眠的人来说，现在无论怎么骗他，他都不会放弃，因为如果连这个也失去，他会一无所有。因此他继续希望天降神兵消灭宋军或者赵匡胤吃饭突然噎死，而荒唐的是，这么虔诚确实起效了，神迹发生了。

那个时候已经发现了石油，并开始运用于军事，善于用兵的朱令赟被宋军堵截在皖口以后，准备学赤壁火攻。新发明的石油正是用来火攻宋舰的最好武器，而且也确实让宋军兵败如山倒，但是不知道为什么那天突然风向逆转，火势向南唐军反向蔓延，结果宋军转危为安，唐军全军覆没，就连主将朱令赟也没来得及逃跑，被火烧死于阵前。

老天爷倒是真的帮忙了，但对象不是你。

朱令赟的死，让李煜彻底失去了希望，孤立无援而无法可守，当时为了振作士气所发下的"跟同城将士共存亡"的誓言，其实不过是为了拖延时间，让满城将士战斗到援军来临为止，或者老天开眼，战斗到宋军疲乏无力进退为止，一如当年李璟时期的唐周之战。但是现在，一切都完了，一切都完了。

李煜颓唐地坐在大殿上，耳边萦绕的依然是朝臣们的争吵不休，主战派慷慨激昂准备赴死，主降派满口家国百姓公道人心。他漠然苦笑，眼前不知为什么浮现出了妻子临终的脸，那充满死亡气息的憔悴里有一种悲悯的神秘，仿佛早已预料到了这一刻……李煜握紧了玉玺，重重地靠在龙椅上，闭上眼睛……

公元 975 年八月二十七日，宋军破城，李煜奉表出降。

宋史里极尽侮辱之能事，说这个男人当日守城之时，信誓旦旦要跟将士共存亡："他日宋师见讨，朕定躬擐戎服，亲督将士，

背城一战，死保社稷。如其不能如愿，则聚宝自焚。"很多人听信了他的话，很多将士满身血污，战死垂成，很多寺院宫尼自焚保节，只是到头来，没有遵守这个诺言的，是这个男人。他肉袒出城，在走到宋军大将曹彬船的横木时，还面有难色，最终是被人搀扶着到了船上，就这么贪生怕死！

五代十国朝代更迭非常频繁，亡国君主被弑的不计其数，但是自杀的也很多，如后汉主亡国之时，就带领宫妃与传国玉玺一起自焚。但是李煜没有死，没有杀身成仁，这一切或者真的可以解释为一种懦弱的注脚，只不过，我总想，在这懦弱的逃避背后总还有些别的吧。

人，在经受极大侮辱的时候会怎样？

从前看过一个心理分析档案，说一个妇女在遭受强奸后的感受，出人意料的是她并没有感觉到多痛苦，而是突然感觉到了自己变成了另外一个人，正在旁观这场侮辱的过程。李煜也是同样的，他并非没心没肺，亡国之痛让他无法喘息，可能也想过自杀殉国，只是……只是临到死前却又停住了脚步，并且做了一件极为愚蠢的事情——让那位看管文物古籍的黄妃烧了所有的文物珍藏。他似乎忘记了，自己当年还是六皇子时读到萧梁帝亡国烧珍，还曾扼腕感叹拍案指责，而此时自己却正做着毁坏文化的事情。

这样的肉袒出降、这样的谨小慎微、这样的贪生怕死，恐怕连他自己也很难解释。

他活了下来，率领王公后妃、朝廷众臣，登船北上。此时雨雪霏霏、昏日沉沉，空气里似乎飘荡着战火的余荫，江南

的气息那样熟悉——他在这里生活了四十年,看惯了笙歌
燕舞,看惯了凤阁龙楼,看惯了人情风景,却没想到此时将
永别。

他默默无语,他还活着……那个巨大的帝王之梦,并没有耗
尽他的所有气息,他还有笔,还有诗——哪怕只是为了这个,他
也得活下去,他提起笔:

四十年来家国,三千里地山河。凤阁龙楼连霄汉,玉树琼枝
作烟萝。几曾识干戈?

一旦归为臣虏,沈腰潘鬓消磨。最是仓皇辞庙日,教坊犹奏
别离歌。垂泪对官娥。

《破阵子》

有多少往事可以重来

据说当时蜀国被西晋所灭,司马文王故意在宴会上演奏蜀
乐,蜀国降臣们都泪流满面,只有蜀主刘禅嬉笑自若。文王问
他:"颇思蜀否?"他回答:"此间乐,不思蜀。"——有时候,我们真
的要怀疑这位不成器的阿斗是否故意,作为亡国之君,也许只有
如此没心没肺地安于现状,才能活得更长久些。可惜李煜做
不到。

他经历两朝,无论是宋太祖赵匡胤,还是太宗赵光义,都
对侮辱他非常有兴趣。他的才华与内心深处的某种东西,仿

佛是两代皇帝都咽不下的一块骨头，非要踩到脚底下才能甘心。

赵匡胤封他为"违命侯"。

他跟李煜神交多年，对于李煜的表面恭顺却负隅顽抗甚为气恼，不过，作为一名武人，却对李煜这样的才子有着一种复杂的欣赏。有次宴会上一起作乐，命李煜作诗，李煜脱口而出，他回身对大臣们感叹到："真是翰林才子！"

在一名政治家眼里，才华只是细枝末节，只不过作为个人的修养，赵匡胤明白，李煜身上有他能仰望的东西。他对李煜的感情很复杂，他封李煜"违命侯"，却封小周后为"郑国夫人"，并没有在个人生活上为难他；但是在政治上却明晃晃显示了他的优越感与轻蔑——这种轻蔑或许来自于对这位才子才华横溢的高雅气质的自惭形秽。

有时候，骄傲是为了掩饰自卑。

李煜呢？降臣的窘迫生活是他始料不及的。他在给旧妃的信里写着"此中日夕只以泪洗面"的字句，而且他还写下了大量的诗词来怀念旧日繁华与此时的痛苦。

深院静，小庭空，断续寒砧断续风。无奈夜长人不寐，数声和月到帘栊。

《捣练子令》

风回小院庭芜绿，柳眼春相续。凭阑半日独无言，依旧竹声新月似当年。笙歌未散尊前在，池面冰初解。烛明香暗画楼深，满鬓清霜残雪思难任。

春花秋月何时了，往事知多少。小楼昨夜又东风，故国不堪回首月明中。雕栏玉砌应犹在，只是朱颜改。问君能有几多愁，恰似一江春水向东流。

《虞美人》

多少恨，昨夜梦魂中。还似旧时游上苑，车如流水马如龙；花月正春风！

多少泪，断脸复横颐。心事莫将和泪说，凤笙休向泪时吹；肠断更无疑！

《望江南》

怀念故土，追忆旧时繁华盛世，想念那雕栏玉砌的尊荣，这是一个亡国之君的正常思绪。也许所有的亡国之君都曾闪念过这些痛苦、这些哀伤，只不过，李煜是李煜。

有些时候，真的要感谢宋太宗与小周后。

有时候，占有也是一种崇拜

公元976年十月十九日夜，宋朝的缔造者太祖赵匡胤忽然驾崩，年仅五十岁。二十一日，弟弟晋王赵光义即位，是为太宗，由于太祖暴亡，又是兄终弟及，由此引发了一系列猜疑，后人称此谜为"斧声烛影"。

根据正史的记载，当时赵匡胤病重，皇后派亲信宦官王继恩召次子赵德芳进宫，结果王继恩却通知了二弟赵光义。赵光义

立刻进宫,不等通报就进入了赵匡胤的寝殿,守在旁边的皇后问:"是不是德芳来了?"王继恩却回答:"是晋王到了。"皇后大吃一惊,知道事情有变,但是既然事到如此,看来无法挽回,就用皇帝的专用称呼对赵光义说:"我们母子的性命都拜托给官家了!"赵光义回答:"别担心,共同富贵。"然后,只见"烛影下"柱斧戳地,赵匡胤一命呜呼。二十一日晨,赵光义就在灵柩前即位,改元太平兴国。

客观说来,历史上对这位皇帝的评价并不低,他继宋太祖之后,完成了统一大业,并于979年又亲自出兵灭北汉,彻底结束了五代十国的历史。此后两次攻辽,企图收复幽云十六州,虽然结果是失败了,但在政治上加强中央集权,削弱节度使和地方的权力,确立文官政治,经济上鼓励垦荒,发展农业生产——说起来,还算是有道明君。

后人对他的非议里,更多集中在来路不正的继位,以及杀死弟弟侄子的残忍手段。其实很正常,政治权力之间的斗争,哪里会顾及亲情恩义。历史是残酷的,只有你政治合格,私德并不会太计较。更何况在政治的层面上本来就没有道德这杆标尺,那是另外一种法则世界。

在他身上还有一个吸引眼球的地方,据说他强奸了李煜的小周后,有后人画春宫图为证。明人沈德符如此描述其图:"太宗戴幞头,面黔色而体肥,周后肢体纤弱,数宫人抱持之,周后作蹙额不胜之状……"在百家讲坛赵晓岚教授的论述里,这位太宗的爱好更是稀奇,竟然是一边强奸,一边命令画师画图。我想还不至于,太宗如果真这么荒唐,早就被残酷的政治斗争弄死了,他还能来路不正地站立得住,并且在历史上还赢得了不错的评价?

不过,他霸占小周后还是可能的。很多人猜测是因为小周后的美色,可是普天之下的美女太多了,皇帝什么女人弄不到?——其实,是因为李煜。

男人对男人的侮辱,有时候是通过女人! 宋太宗想侮辱的,是李煜本人。

表面上看来,继位之后的宋太宗对他不错,改掉了那个带有侮辱性的"违命侯"的称号,将其升为"陇西郡公",只是,这个皇帝对他的凌辱已不再仅仅限于政治上的欺压。因为这个皇帝跟前任皇帝不太相同——好文。

他酷爱读书,常自称"朕平生无其他嗜好,就酷爱读书。为的是从中探察古今兴亡,成败得失,以史为鉴,择善戒恶,以利治国平天下"。又重修文观,赐名崇文院,藏书无数,名人墨迹、珍奇版藏数以万计。

他不仅藏书,还编书,招揽天下有才之士编撰了《太平御览》、《太平广记》、《文苑英华》等巨著。自己也颇具文采,喜欢书法,常跟群臣说:"我就喜欢书法,这个虽非帝王事业,但是总比声色犬马好得多……"。

而站在他面前的李煜,世代书香,文采横绝,如果是个普通文人也就罢了,偏偏是亡国君主,在政治上是他的阶下囚,所以对宋太宗来说,这真是个爱不释手的糖果。

知道李煜曾经藏书万册,因此也建立了一个庞大的藏书院,指着这些藏书对李煜说："这里有很多都是爱卿曾经收藏过的，你看朕藏得有没有你多？"

小周后是李煜的女人，通过男权文化的逻辑，就像李煜曾经收藏过的那些珍贵文物一样，他也想占有，这种占有倒未必有什么政治上的侮辱企图，而是一种高山仰止的反向表现。李煜有"词中之帝"的美称，可想而知他在诗词文艺方面有多强大，而太宗皇帝偏偏又爱好追求这个——李煜的境界、李煜的才能、李煜的高深，他是知道的，甚至是崇拜的。

但是这种崇拜没有像正常人表现的那样，去尊敬、学习、模仿，而是选择粗暴地占有。因为他是万乘之君的皇帝，他应该比所有人都高——怎么能让他对一个亡国之君弯腰呢？

有时候，占有也是一种崇拜。

人，最可怕的是自我欺骗

这一切对于小周后来说，简直是场噩梦。

在历史上，亡国妾妇被当朝之君霸占的例子举不胜举，而这个故事之所以如此有名，能引发男人们无数幻想，甚至要到画图来满足的地步，大约是由于小周后从后宫回来以后的行为——"例随命妇入宫，每入辄数日而出，必大泣，骂后主。声闻于外，后主多宛转避之……"。

那青春的冲动，那漫长的等待，终于有一天荣登后位，心满意足地享受着母仪天下的快乐与尊荣,得到了这个男人最多的宠爱,却哪曾想大厦就这样呼啦啦地倾倒了。政治,她从来就不懂,能摆平后宫那些谄媚的妃子已经足够耗尽她的精力了。怎么一夜之间就化为乌有了呢?

她仿佛在做梦。

跟着李煜一起到了北国,安置在降臣府里,侍候的宫女们那么少,日常的开支都困难了起来,只是还好,那些宠媚的女人没有跟来,只留下作为正妻的她。一开始,她甚至有点高兴。小女人的心里,家国太大,眼前只是没人再争宠的庆幸、生活不如从前奢华的窘迫、男人不再是皇帝的失落,如此而已。

她想她还是郑国夫人,那些情敌们却做了胜利将军们的战利品。她想她还是夫人。

只是,突然有一天,这个还能将就的梦变成了噩梦。在随例进宫的时候,据说新皇帝太宗要单独召见他,当她一个人孤独地站在皇帝寝宫时,才明白是怎么回事。然后,那个黑胖的皇帝现身,她跪下叩头,被拉起,然后一双手渐渐抚摸住了她的面颊……小周后当时,应该是不情愿的。

因为她从来没有明白到底发生了什么事,也没有从当时的角色里觉醒过来——我们不应拿现代人的眼光看待霸占这件事情。在那个封建时代,被皇帝宠幸(无论这个皇帝多丑多老),都是一个女人莫大的荣耀,而小周后之所以没有高兴承欢,不是因为什么气节,而是她没有反应过来。

她还在做梦,做着那个当年跟皇帝姐夫偷欢的梦,当时的李煜,衣带飘飘,高高在上,是她的皇帝、她的天。甚至在亡国投降的时候，小周后也没有意识到什么，而太宗的强奸，让她彻底明白过来了：李煜不是皇帝了，他再也没法保护她了。那个曾经给予她强大的羽翼、给予她温暖热情、给予他荣华富贵，她终其一生费尽心机抢来和保住的男人，作废了。

这是最可怕的！

她一直以来都在仰视他、崇拜他、敬爱他，他就是她的依靠、她的意义、她的价值，那些家国政治，她不懂，那些沧海桑田，她不明白，她只是把这个男人当作了终极的依靠，当做超越那个不可超越的优秀姐姐的奇迹——这个奇迹，就是证明她一生的胜利。

可是现在全部坍塌了，她的皇帝姐夫，她的神，她的姐姐，她自己，她所做的一切，全部崩塌了。她内心的淤积终于像火山一样爆发了出来——她顾不得什么淑女体面，像泼妇一样站在庭院里大骂起来。原来眼前这个只知道喝酒消愁的男人，根本就不是什么皇帝，不是她的天，而是个大骗子，骗了她的感情，骗了她的人生，让她害死了自己的姐姐。想起这些她就恨，恨现在的所有人、所有事……

但是她最恨的，是自己。因为她突然明白了，自己这辈子付出一生所爱的，跟这个男人无关，而只是自己设想的幻象罢了。

一个人被别人欺骗不可怕，可怕的是被自己欺骗。

她疯了。

终于无关

公元 978 年,李煜病死家中。

关于李煜的结局,很多人是从南宋王铚的《默记》里得到的启示,说的是太宗有一天问南唐旧臣徐铉"见过李煜没",徐铉回答"哪里敢啊",然后太宗就说"你代我去看看他吧"。结果徐铉就去了。守门的老头子不让他进去,徐铉说"我奉旨入见"。等到见到李煜,还行大礼。李煜说"现在不敢接受这礼了",然后相坐而泣。后来又说起后悔杀死潘佑、李平等事。徐铉不敢多留,回宫如实禀报,结果太宗生气了,让弟弟秦王赐牵机药,毒死了李煜。

还有一种说法是,李煜没事七夕奏乐,太宗听到"小楼昨夜又东风"及"一江春水向东流"之句,大怒,赐死。

其实帝王赐死大臣的事情很多,但杀死李煜,从政治上说是极其不明智的。宋帝国建立之初,杀死投诚的国主极不利于政局的稳定和以后的收复大业,这是至理。太宗不是傻子,作为一名政治家,这是基本常识,他不会给江南某些造反分子以借口,更何况这种行为再掩饰也难堵天下悠悠之口。如果真想杀,随便找个堂而皇之的理由就可要了李煜的命,何必还派自己的弟弟去赐牵机药。这种杀鸡用牛刀而师出无名的傻子行为,太宗应该干不出来。更为重要的是,他对李煜是欣赏甚至崇拜的,却

能以占有的方式不断显示自己的优越——这么好玩的玩具，太宗怎么舍得？

其实，李煜是病死的。他"重瞳"，按照现代医学的说法，是因为脑部长有一种蝇类的寄生虫，会在人体中繁衍，对人体造成伤害。一般拥有重瞳的人，寿命都不长。那个时候他四十多了，国丧家乱，伤心哀痛，又借酒消愁，活到那个年纪，已经不简单。

很多人猜想，李煜在临死之前一定非常痛苦，但是我总想，他其实是获得了自由。

小周后的歇斯底里、太宗的复杂蹂躏，都让他彻底觉悟。当一种东西痛到极处，人就会把它与自己分离，而这两个人的伤害，都是因为他曾经是帝王。现在，这个东西终于与自己无关了——他突然平静了。

这份平静从登上帝位就开始失去，直到大周后去世成为转折。此后的生活，是挪威森林式的迷茫，在不知道做什么的无所适从里，他跌跌撞撞活到了现在。终于，在一个寒雨潺潺的夜里，在经历了太多的痛苦与挣扎后，他得到了那曾用"佛"求过、用艺术求过、用权力求过、用美色求过的平静。

帘外雨潺潺，春意阑珊，罗衾不耐五更寒。梦里不知身是客，一晌贪欢。

独自莫凭栏，无限江山，别时容易见时难。流水落花春去也，天上人间。

《浪淘沙》

那些都是梦，仿佛一场风花雪月的灿烂，荣华已极，本来就不属于自己，有什么呢？"梦里不知身是客"，跟自己无关了，眼前浮现的是妻子大周后悲悯的面容，从此以后，"流水落花春去也，天上人间"。

那个帝王，终于……终于跟自己无关。自己那漂泊碎裂的一生，就是被这个角色强奸的过程，自己迎合过、努力过、训练过、习惯过，也享受过，只是现在终于醒来……李煜终于又变成了李从嘉。

一棹春风一叶舟，一纶茧缕一轻钩。花满渚，酒满瓯，万顷波中得自由。

终于无关，终于自由。

君子心语：

　　很多时候，很多悲剧，起源于不敢面对镜子里的那个自己。

参考文献

1. (后晋)刘昫等.旧唐书.北京:中华书局,2002

2. (宋)欧阳修,宋祁.新唐书.北京:中华书局,2003

3. (元)辛文房.唐才子传全译.李立朴译注.贵阳:贵州人民出版社,1995

4. (清)曹雪芹.红楼梦.济南:齐鲁书社,2002

5. (清)彭定求等.全唐诗.海口:海南国际新闻出版中心,1995

6. (唐)长孙无忌等.唐律疏议.刘俊文点校.北京:法律出版社,1999

7. 许地山.道教的历史.北京:北京工业大学出版社,2007

8. 黄正建.中晚唐社会与政治研究.北京:中国社会科学出版社,2006

9. 人民文学出版社编辑部.唐传奇鉴赏集.北京:人民文学出版社,1983

10. (唐)李肇.唐国史补.杭州:浙江古籍出版社,1986

11. (宋)李昉等.太平广记.北京:大众文艺出版社,1998

12. (宋)孙光宪.北梦琐言.北京:中华书局,1960

13. (法)让-保罗·萨特.萨特戏剧集.沈志明等译.合肥:安徽文艺出版社,2000

14. 施锡铨.博弈论.上海:上海财经大学出版社,2000

15. 罗慧兰.女性学.北京:中国国际广播出版社,2002

|230

16. 叶文振.女性学导论.厦门:厦门大学出版社,2006

17. 邓小南.唐宋女性与社会.上海:上海辞书出版社,2003

18. 王明良.心理学名词辞典.台北:名山出版社,1982

19. 刘海峰.唐代教育与选举制度综论.北京:文津出版社,1991

20. 朱子彦.后宫制度研究.上海:华东师范大学出版社,1998

21. (北宋)司马光.资治通鉴.郑州:中州古籍出版社,1996

22. 王晖.张爱玲文集.长春:吉林摄影出版社,2000

后　记

　　从这个系列动笔开始，这本书已经是第三本了。从第一本肤浅的犀利与促狭起步，到踏入历史的门槛，跌跌撞撞走到了现在。读完这本书的朋友也许会认为，它几乎演化成了一个女权主义者的呐喊。但，这不仅仅是我想要的。

　　也许，在历史的门缝里，我间或看到了一些男权社会的偏执与不公正，但是并不表明自己就站在了女权主义的立场，因为在历史浩瀚的海洋与人生终极的探索里，任何偏激最终都将化作肤浅。而自己，只是写作路上的修行者，一个把路边风景说给大家听的人，女权，也不过是曾经停留的那一站，让该拥有的去拥有、该反对的去反对……如此而已。

　　再次感谢支持我表达并出版的亲人和朋友们，因为你们，让我勇敢前行。

君子心

2009 年 3 月 29 日于北京

图书在版编目（CIP）数据

读史做女人.3／君子心著.—杭州:浙江大学出版社，
2009.11(2010.1重印)
ISBN 978-7-308-07170-3

Ⅰ.读… Ⅱ.君… Ⅲ.女性－人物研究－中国－古代
Ⅳ.K828.5

中国版本图书馆 CIP 数据核字（2009）第 203166 号

读史做女人 Ⅲ

君子心　著

责任编辑	葛玉丹　张　琛	
封面设计	巴斯光年 WORKSHOP	
出版发行	浙江大学出版社	
	（杭州市天目山路 148 号　邮政编码 310007）	
	（网址:http://www.zjupress.com）	
排　版	杭州中大图文设计有限公司	
印　刷	杭州杭新印务有限公司	
开　本	640mm×960mm　1/16	
印　张	15.25	
字　数	160 千	
版 印 次	2009 年 11 月第 1 版　2010 年 1 月第 2 次印刷	
书　号	ISBN 978-7-308-07170-3	
定　价	28.00 元	